Hans-Josef Wagner

Handlung und Erziehung

Zur Grundlegung einer Handlungstheorie der Erziehung

Deutscher Studien Verlag · Weinheim 1989

Über den Autor:
Hans-Josef Wagner, Dr. phil., Jg. 51, ist Privatdozent an der Freien Universität Berlin mit den Arbeitsschwerpunkten: Theorie der Bildung und Sozialisation, Wissenschaftstheorie, Qualitative Methoden in den Sozialwissenschaften.

CIP-Titelaufnahme der Deutschen Bibliothek

Wagner, Hans-Josef:
Handlung und Erziehung / Hans-Josef Wagner.
– Weinheim : Deutscher Studien Verlag, 1989
ISBN 3-89271-182-8

Druck nach Typoskript (DTP)

Seriengestaltung des Umschlags: Atelier Warminski, 6470 Büdingen 8
Printed in Germany

ISBN 3 89271 182 8

Wagner · Handlung und Erziehung

Inhalt

Einleitung

Die folgende Untersuchung soll einen Beitrag leisten zur Grundlagentheorie der Erziehungswissenschaft. Sie ist mit der Absicht verbunden, der Erziehungswissenschaft ein handlungstheoretisches Fundament zu verleihen und so die Bedingung der Möglichkeit zu schaffen, Erziehungswissenschaft zur Handlungswissenschaft zu erheben.

Betrachtet man die Entwicklung der Pädagogik bzw. Erziehungswissenschaft aus heutiger Perspektive, so wird deutlich, daß alle wichtigen pädagogischen Strömungen - verwiesen sei nur auf die traditionelle, die geisteswissenschaftliche, die empirisch-analytische und die kritisch-emanzipatorische Pädagogik - die pädagogische Praxis bzw. das pädagogische Handeln auf die eine oder die andere Weise ins Zentrum ihres Gegenstandsbereiches rückten, ohne daß es bisher gelang, die Erziehungswissenschaft zu einer Handlungswissenschaft zu erheben. Gleichwohl waren die Entwürfe theoretischer Ansätze und die Forschungen innerhalb der einzelnen Paradigmen wie auch die wissenschaftstheoretischen Auseinandersetzungen zwischen den verschiedenen Paradigmen insofern fruchtbar und erkenntniserweiternd, als in zunehmendem Maße - nicht zuletzt durch die Offenlegung der Aporien der einzelnen Ansätze - die Sensibilität für eine systematisch abgesicherte und grundlagentheoretisch begründete Erziehungswissenschaft als Handlungswissenschaft wuchs.[1] Als paradigmatisch für den Nachweis der aporetischen Struktur der traditionellen und der modernen Ansätze in der Erziehungswissenschaft kann unseres Erachtens die Bennersche Analyse der Hauptströmungen der Erziehungswissenschaft gelten. In dieser systematisch angelegten Analyse gelingt es dem Autor, durch immanente Kritik die einzelnen Ansätze ihrer Aporien zu überführen und gleichzeitig nachzuweisen, daß diese nur zur Auflösung zu bringen sind, wenn Erziehungswissenschaft als eine Handlungswissenschaft von der und für die Erziehung entworfen wird.

Betrachten wir daher einige Resultate der Bennerschen Analyse näher, um das Postulat der Konzeptualisierung der Erziehungswissenschaft als Handlungswissenschaft besser begreifbar zu machen.

Gleichsam resümierend bezieht der Autor zu den traditionellen Ansätzen in der Pädagogik, zu denen er u. a. die Ansätze von Rousseau, Schleiermacher, Herbart, Willmann, Fichte und Hönigswald zählt, die folgende Stellungnahme: „Die traditionellen Ansätze bemühten sich um eine Begründung der Pädagogik als Handlungstheorie von der und für die Erziehung. Ihre Erziehungs- und Bildungstheorien verstanden sich als charismatische Handlungslehren für den Praktiker, und ihre wissenschaftstheoretischen Analysen konzentrierten sich auf die Fundierung der erziehungs- und bildungstheoretischen Grundbegriffe. Zur Begründung der Pädagogik als Forschungsdisziplin leistete die traditionelle Pädagogik keinen direkten Beitrag".[2] Betrachten wir neben den strukturellen Spezifika der traditionellen die der modernen Ansätze in der Erziehungswissenschaft, zu denen vor allem die geisteswissenschaftliche Pädagogik (u. a. Nohl, Weniger, W. Flitner), die empirische Pädagogik (Lay und Meumann; P. Petersen; A. Fischer, Lochner und Brezinka), die Vermittlungsversuche von Empirie und Hermeneutik (u. a. die Petzelt-Schule, Roth u. Thiersch) und die emanzipatorische Pädagogik (u. a. Blankertz, Klafki, Lempert, Mollenhauer) zählen. Durch Konfrontation mit den traditionellen versucht der Autor das strukturell Gemeinsame und zugleich das Aporetische der modernen Ansätze in der Erziehungswissenschaft zu verdeutlichen: „In den modernen Ansätzen der Erziehungswissenschaft rückte das Interesse an der Aufstellung kritischer Erziehungs- und Bildungstheorien in den Hintergrund. An die Stelle mehr oder weniger kritischer Erziehungs- und Bildungsbegriffe trat die Erziehungswirklichkeit, deren Erforschung nun zum eigentlichen Gegenstand der Erziehungswissenschaft wurde. Die Theorien der Erziehung und Bildung waren für die empirischen und hermeneutischen Analysen nur mehr insoweit von Interesse, als sie die Erziehungswirklichkeit in ihrem Selbstverständnis und in ihren empirisch faßbaren Determinationszusammenhängen bestimmen ... Die traditionellen Handlungstheorien zielten ihrem Verständnis nach weniger auf eine hermeneutische Aufdeckung des

Vorverständnisses vorliegender Theorienbildungen und eine kausalanalytische Erforschung ihres empirisch verifizierbaren Theoriegehaltes; vielmehr ging es ihnen um eine vernünftige Anleitung und Orientierung des erzieherischen Handelns. Der Übergang von der traditionellen Handlungstheorie zur erziehungswissenschaftlichen Forschung blieb für die Planung und kritische Veränderung der Erziehungswirklichkeit dabei insofern unfruchtbar, als die Empirie, die kausalanalytische wie die historisch-hermeneutische, eine erkenntniswissenschaftliche Position bezog und damit den Primat der Praxis in der Forschung verkümmern ließ."[3] Alle bisherigen Ansätze in der Pädagogik bzw. der Erziehungswissenschaft haben strukturell betrachtet eine Grundaporie gemeinsam, die die Erhebung der Erziehungswissenschaft zur Handlungswissenschaft – wenn auch ungewollt – systematisch verhinderte. Mit Hilfe der traditionellen wie auch der modernen pädagogischen Ansätze gelang es deshalb nicht, der Erziehungswissenschaft den Status einer im Primat der Praxis stehenden Wissenschaft von der und für die Erziehung zu sichern, weil alle Ansätze den Vorrang vor der Praxis bzw. dem pädagogischen Akt selbst noch supponierten. Die verschiedenen Ansätze wurden nicht aus dem Handlungsakt selbst abgeleitet und in ihm verortet, sondern sie wurden ihm noch vorausgesetzt. Es wurde nicht oder nicht genügend realisiert, daß jegliche Methode und jegliche theoretische Begrifflichkeit, welcher Genese auch immer, ein Derivat aus dem Handlungsakt selbst ist. Das Verdienst Benners ist es denn auch, die (undurchschaute) Desavouierung des Primats der Praxis und damit die pädagogische Grundaporie der Vorgängigkeit der jeweiligen Verfahren vor der pädagogischen Handlung auf den Nenner gebracht zu haben. Erst auf diesem Hintergrund eröffnet sich realistisch die Perspektive der Erhebung der Erziehungswissenschaft zur Handlungswissenschaft. Hören wir dazu den Autor: „Soll der Primat der Praxis auch in der Forschung Gültigkeit erlangen, so darf diese weder vorrangig auf kausalanalytische und historisch-hermeneutische noch auf gemischte Verfahren gegründet werden, sondern muß eine Forschungsmethode entwickeln, die an einem praktischen Erfahrungsbegriff ausgerichtet ist."[4] Die Ausrichtung an einem praktischen Erfahrungsbegriff ist identisch mit der Verortung der Erziehungswissenschaft im Handlungsakt selbst. Wenn aber der Handlungsakt das Fundament der Erziehungswissenschaft ist und es bisher nicht gelang, eine Erziehungswissenschaft als Handlungswissenschaft zu schaffen, dann stellt sich sogleich die Frage nach dem Nutzen der bisherigen Ergebnisse z. B. kausalanalytischer und historisch-hermeneutischer Forschung in der Pädagogik. Es ist nun nicht so, daß die mit diesen und anderen Verfahren erzielten Ergebnisse nutzlos wären; aber sie gewinnen erst auf der Basis einer fundamental handlungsorientierten Erziehungswissenschaft praktische pädagogische Relevanz. Hören wir dazu den Autor: „Das heißt nicht, daß die Resultate kausalanalytischer und historisch-hermeneutischer Analysen für die Pädagogik bedeutungslos wären; dies besagt vielmehr, daß die durch diese Verfahren erzielten und zu erzielenden Resultate ihre mögliche pädagogische Relevanz weder an sich selber schon besitzen noch aus einer Kooperation miteinander oder aus einer ideologiekritischen Überhöhung ableiten dürfen, sondern allererst über eine durch sie selbst nicht begründbare praxeologische Forschungsmethode gewinnen können. Von dieser Notwendigkeit, auf welche bereits Kant in seiner Begrenzung der traditionellen Ansätze der Pädagogik hinwies, abstrahieren alle bisherigen Forschungsansätze."[5] Vor diesem Hintergrund wird die Notwendigkeit einer Neuorientierung der Erziehungswissenschaft erst einsichtig; gefordert ist die Konzeptualisierung der Erziehungswissenschaft als einer Handlungswissenschaft, die nicht nur zu ihrem zentralen Gegenstand die praktische pädagogische Handlungssituation hat, sondern die auch selbst von der pädagogischen Handlung her zu begreifen ist.

Benner hat mit seinem Entwurf einer erfahrungswissenschaftlichen Pädagogik in praktischer Absicht, der motiviert ist durch die Diagnose der aporetischen Struktur der bisherigen pädagogischen Ansätze, seien diese nun traditioneller oder moderner Genese, einen ersten Versuch unternommen, die Pädagogik im Handlungsakt zu verorten. Wir werden auf den Bennerschen praxeologisch-erfahrungswissenschaftlichen Ansatz später eingehen.[6]

Weitere Versuche der Begründung einer Erziehungswissenschaft als Handlungswissenschaft sind in den letzten Jahren von seiten der „erziehungswissenschaftlichen Handlungsforschung" bzw. der „Aktionsforschung“ unternommen worden.[7] Diese bemühte sich um die Formulierung methodologischer Aspekte einer handlungsorientierten Erziehungswissenschaft, ohne daß damit allerdings eine systematische Begründung aus dem Handlungsakt selbst erfolgte. Diese kann nur gelingen auf dem Hintergrund einer grundlagentheoretischen Bestimmung humanen Handelns. Es ist also zunächst eine Grundlagentheorie des humanen sozialen Handlungsaktes gefordert, wenn die Erziehungswissenschaft als Handlungswissenschaft entworfen werden soll.

Eine fundamentale Bestimmung der Strukturen des sozialen Handlungsaktes läßt sich unseres Erachtens am ehesten im Ausgang vom intersubjektivitätstheoretisch orientierten Ansatz George Herbert Meads gewinnen. Gleichwohl zeigt sich in der Interpretation des Meadschen Ansatzes, daß dieser nicht ausreicht, die Strukturen des sozialen Handlungsaktes zur Explikation zu bringen; es bedarf dazu weiterer theoretischer Ansätze aus den Bereichen der Linguistik, der Sprachphilosophie, der Psychoanalyse und der Entwicklungspsychologie. Wir haben in einem ersten grundlegenden Teil unserer Arbeit, der hier immer schon vorausgesetzt wird und auf den unsere weitere Analyse aufbaut, eine extensive Interpretation des Meadschen pragmatistisch-naturalistisch orientierten Ansatzes vorgenommen und ihn u. a. um sprachtheoretische (Ricoeur, Searle, Chomsky), um psychoanalytische (S. Freud) und um entwicklungspsychologische (Piaget) Dimensionen zu erweitern versucht.[8]

Wir gehen deshalb hier auch nicht mehr auf die wissenschafts- und erkenntnistheoretischen Grundlagen und die allgemeine Problematik insbesondere des Meadschen Werkes und seines Verhältnisses zu anderen Strömungen innerhalb der Sozialpsychologie und der Sozialphilosophie im besonderen und der Sozialwissenschaften im allgemeinen ein, sondern nehmen unmittelbar den Bezug zur Erziehungswissenschaft auf.

Blicken wir zunächst zurück auf die Mead-Rezeption innerhalb der deutschen Erziehungswissenschaft. Versuche an die pragmatistische Konzeption George Herbert Meads anzuknüpfen bzw. sie einer expliziten Interpretation bezüglich ihrer Relevanz für die Erziehungswissenschaft zu unterziehen, wurden in der letzten Zeit u. a. von Mollenhauer und Brüggen unternommen. Mollenhauer weist in seiner Studie „Theorien zum Erziehungsprozeß“ auf die relativ späte Rezeption des amerikanischen Pragmatismus in der Erziehungswissenschaft hin; erst über Habermas (1968), Krappmann (1971) und Oevermann (1970) sei jene Konzeption in die sozialisationstheoretische und über Baacke (1972) und Loch (1970) in die erziehungswissenschaftliche Diskussion eingedrungen.[9] Mollenhauer sieht in der pragmatischen Konzeption „die Chance einer Wendung vom manipulativen zum kommunikativen Erziehungsverständnis“; für ihn ist die Meadsche sozialpsychologische Analyse „der Genese und der Struktur von Interaktion“ von besonderem Interesse.[10] Die Bedeutung, die Mollenhauer der Meadschen Theorie für die Erziehungswissenschaft zuerkennt, kommt in dem folgenden Zitat zum Ausdruck: „Unter den oben genannten Theorien (der Autor nennt neben Peirce und Mead auch Goffman, Strauss, Bateson, Laing, Watzlawick u. a.) spielt die von G. H. Mead die bedeutendste Rolle. Das von ihm entwickelte Paradigma für die Struktur der menschlichen Interaktion stellt seit seiner ersten Veröffentlichung 1934 den ausgesprochenen oder unausgesprochenen Bezugspunkt aller einschlägigen Erörterungen dar.“[11] Werfen wir einen Blick zurück auf die Mollenhauersche Mead-Rezeption; unseres Erachtens kann diese als ein erster Versuch gewertet werden, die Meadschen sozialpsychologischen Erkenntnisse für die erziehungswissenschaftliche Forschung fruchtbar zu machen. Als eine Begründungsfolie einer Erziehungswissenschaft als Handlungswissenschaft kann der Mollenhauersche Versuch allerdings kaum dienen, da der Autor das Meadsche Werk nur sehr verkürzt, fast ausschließlich aus der Perspektive von „Mind, Self, and Society“ rezipiert. Eine strukturale Betrachtung der pädagogischen Handlung bzw. der pädagogischen Interaktion ohne Heranziehung der handlungstheoretischen und zeitphilosophischen Reflexionen Meads und entsprechender Ergänzungen aus anderen Theorietraditionen ist unseres Erachtens aber schlechterdings nicht möglich. Die wohl intensivste Auseinandersetzung mit dem Meadschen Pragmatismus in der deutschen Erziehungswissenschaft findet sich in F. Brüggens Arbeit „Strukturen pädagogischer Handlungstheorie.“[12] Brüggen behandelt sowohl die erkenntnis-anthropologischen Grundlagen wie auch die Sozialpsychologie

G. H. Meads und deren Implikationen für eine pädagogische Handlungstheorie. In seiner Analyse des Meadschen Handlungsbegriffs gelangt der Autor zu dem Resultat, daß dieser in Analogie zu den Naturwissenschaften „technisch-experimentell" gefaßt sei.[13] In seiner Orientierung - so Brüggen - an der wissenschaftlichen Methode verstricke sich Mead in eine Aporie: „Er möchte die Praxis moderner Wissenschaft selber noch aus dem Handlungsakt begreiflich machen, geht aber in Wahrheit den umgekehrten Weg, indem er die Grundstrukturen der menschlichen Handlung überhaupt nach dem Vorbild des theoretisch-technischen Forschungsparadigmas der neuzeitlichen Naturwissenschaft deutet."[14] Ebenso sei der Meadsche Versuch, Ich-Identität und Selbstreflexivität naturalistisch abzuleiten, ein aporetisches Unternehmen; nach Brüggens Ansicht wiederholt Mead bloß „auf seine Weise den Übergang von Fichtes Ursprungs-Ich zu Hegels Dialektik des Selbstbewußtseins."[15] Auch Mead rekurriere, indem er von seinem naturalistischen Standpunkt ausgehe, auf eine „Ursprungsmetaphysik" und gerate in einen Zirkel, den der Autor wie folgt beschreibt: „Der Beweis, daß ‚rationales Verhalten sich aus impulsivem Verhalten' entwickelt, kann nicht gelingen, da er dem Impuls immer schon die Eigenschaften zubilligt, die er eigentlich doch erst begründen soll. Das Vorausgesetzte enthält bereits das zu Beweisende."[16] Zurückzuführen sei diese Aporie letztlich auf den instrumentellen Handlungsbegriff, dessen sich Mead nach Vorgabe der naturwissenschaftlichen Methode bediene.[17] In einem Passus seiner Arbeit faßt der Autor den zentralen Kritikpunkt an der Meadschen Konzeption wie folgt zusammen: „Seine fraglose Anerkennung der Wissenschaft als des ausgezeichneten Indikators von Fortschritt hatte bei uns freilich den Verdacht aufkommen lassen, ob er denn nicht doch die kategoriale Grundstruktur der Handlung dem wissenschaftlich-technischen Forschungsparadigma nachzeichnet, also doch den umgekehrten Weg geht als den, den er selber zu gehen glaubt."[18] Unseres Erachtens ist die Brüggensche Lesart Meads nicht haltbar, denn gerade Mead hat stringent nachgewiesen, daß das instrumentale das soziale Handeln als Bedingung seiner Möglichkeit immer schon voraussetzt. Wenn in der neueren sprachtheoretisch aufgeklärten Mead-Rezeption eine Übereinstimmung erzielt wurde, dann ist es gerade die, daß es sich bei dem Meadschen

Mead

Handlungsbegriff um einen konsequent intersubjektivistischen und nicht einen technisch-instrumentell reduzierten handelt. Brüggen verkennt die fundamentale Bedeutung des sozialen Aktes im Meadschen Denken; auch gilt für seine Arbeit die Kritik einer verkürzten Rezeption Meads, da u. a. der Rekurs auf die zeitphilosophischen Arbeiten Meads ausgespart bleibt.

Im Gegensatz zu Mollenhauer und Brüggen widmen sich Prange[19] und Wilhelm[20] in ihren Studien eher der pragmatischen Pädagogik im allgemeinen, ohne explizit den Ansatz Meads und dessen Implikationen für eine Theorie des Erziehungsprozesses auszuloten.

Gehen wir nach diesen einleitenden Bemerkungen kurz auf den Aufbau unserer Arbeit ein. Wir werden zunächst traditionelle und moderne Ansätze in der Erziehungswissenschaft von unserer handlungstheoretisch orientierten Perspektive her und unter dem Aspekt des pädagogischen Theorie-Praxis-Verhältnisses zu beleuchten versuchen. Im einzelnen werden an ausgewählten Beispielen die traditionelle Pädagogik (Schleiermacher, Rousseau und Herbart), die geisteswissenschaftliche Pädagogik, die empirische Erziehungswissenschaft und die kritische Erziehungswissenschaft behandelt. Die Analyse dieser verschiedenen Strömungen innerhalb der Erziehungswissenschaft soll die Defizite und gleichsam die Grundaporie bisheriger Ansätze aus dem Blickwinkel intersubjektivitätstheoretisch-praxeologischen Denkens auf den Begriff bringen. Der Nachweis der strukturalen Defizite in den einzelnen Konzeptionen verweist auf die Notwendigkeit der Neubestimmung einer Erziehungswissenschaft als Handlungswissenschaft. Einzig wenn Erziehungswissenschaft sich aus den Fallstricken bewußtseinsphilosophisch-begriffstheoretischen und subsumtionslogisch-szientifischen Denkens zu befreien vermag, wird es ihr möglich sein, praxeologisch zu werden und im Primat der pädagogischen Praxis zu operieren.

In den folgenden Kapiteln sollen daher erste Grundlagen einer Erziehungswissenschaft als Wissenschaft im Primat der Praxis, d. i. als Handlungswissenschaft gelegt werden. Wir bewegen uns dabei – wie schon erwähnt - auf dem an anderer Stelle von uns ausgearbeiteten kommunikationstheoretischen Fundament.

Zunächst wird im 1. Abschnitt des 2. Kapitels (2. 1) die pädagogische Handlung unter dem Aspekt einer evolutionistischen Interaktionstheorie behandelt. Dabei kommt es u. a. darauf an, pädagogisches Handeln unter der evolutionstheoretischen Perspektive begreifbar zu machen und dessen Stellung innerhalb der ausgezeichneten gattungsspezifischen Kommunikationsform der symbolisch vermittelten Interaktion herauszuarbeiten. Im 2. Abschnitt wird danach zu fragen sein, wie das praktische pädagogische Handeln überhaupt Gegenstand der Erziehungswissenschaft sein kann. Wir werden dazu auf der Folie der modernen Sprechakttheorie den Begriff des materialen Akttextes einführen, und wir werden nachzuweisen versuchen, inwiefern die Erziehungswissenschaft Handlungs- und Textwissenschaft zugleich ist. Im nachfolgenden 3. Abschnitt werden zum einen wichtige Forschungsaufgaben einer handlungsorientierten Erziehungswissenschaft benannt, und es kann auf diesem Hintergrund zum anderen gezeigt werden, daß eine zentrale Aufgabe der Erziehungswissenschaft darin besteht, die Regeltypen, denen sie folgt und auf denen sie basiert, zur Explikation zu bringen. Im 4. Abschnitt wird die Relevanz der Meadschen Zeitphilosophie für die Erziehungswissenschaft aufzuweisen sein. Insbesondere geht es dabei darum, das Zueinander von pädagogischer Zeiterfahrung und pädagogischer Handlung systematisch zu bestimmen. Im 5. Abschnitt wird dann sowohl aus der Perspektive des Erziehenden wie aus der des Zu-Erziehenden die Konstitution pädagogischer Identität in der pädagogischen Handlung zu analysieren sein. Im anschließenden Abschnitt ist auf der Folie der Dialektik von Allgemeinem und Besonderem im pädagogischen Handeln das pädagogisch Besondere bzw. das pädagogisch Nicht-Identische emphatisch zu machen. Der 7. Abschnitt ist den Implikationen gewidmet, die die Dialektik von Entscheidungs- und Begründungszwang im Handlungsakt für das Verständnis der Strukturiertheit pädagogischen Handelns und die Emergenz neuer pädagogischer Erfahrungen mit sich bringt. Im 8. Abschnitt wird der pädagogische Zusammenhang von Moralität, Handlung und Ich-Identität nach Maßgabe des Meadschen pragmatistisch-naturalistischen

Ansatzes herausgearbeitet, und es werden allgemein theoretische Folgerungen aus jenem Ansatz für die Pädagogik abgeleitet. Im 9. Abschnitt ist auf die Bedeutung der individuellen Erfahrung des Besonderen für die Konstitution und den Erkenntnisfortschritt der Erziehungswissenschaft einzugehen. Dabei wird die Frage nach der Existenz eines pädagogisch Besonderen oder Spezifischen aufzuwerfen sein. Der 10. Abschnitt ist grundsätzlichen Bemerkungen zum strukturellen Aufbau einer Erziehungswissenschaft als Handlungswissenschaft gewidmet. Zu zeigen ist, daß der theoretische Aufbau jener Wissenschaft vom Primat der Handlung her erfolgen muß. Im 3. Kapitel werden wir das Theorie-Praxis-Verhältnis in der geisteswissenschaftlichen Pädagogik E. Wenigers und im praxeologisch-erfahrungswissenschaftlichen Ansatz D. Benners kritisch analysieren und von diesem ausgehend unser eigenes Modell nach und nach zur Geltung bringen. Im 4. Kapitel kann dann der Strukturzusammenhang von Theorie, Praxis und Empirie in der pädagogischen Handlung auf der Grundlage unseres dialektischen, pragmatistisch-naturalistisch orientierten Strukturmodells hergestellt werden. Im Schlußkapitel der Arbeit wird ein Blick geworfen auf aktuelle Entwicklungen in der Erziehungswissenschaft, und es wird darüber hinausgehend versucht, auf dem Hintergrund unseres Strukturmodells die pädagogische Aktions- bzw. Handlungsforschung einer kritischen Einschätzung zu unterziehen.

1. Traditionelle und moderne Ansätze in der Erziehungswissenschaft und ihre Defizite aus handlungstheoretischer Perspektive

Im folgenden Kapitel ist keine vollständige und systematische Darstellung und Kritik der verschiedenen Ansätze in der Erziehungswissenschaft beabsichtigt; es geht vielmehr darum, exemplarisch zentrale Defizite der jeweiligen pädagogischen Theorien und Konzepte aus unserer handlungstheoretisch orientierten struktural-dialektischen Perspektive heraus sichtbar zu machen. Die Kritik gleichsam an Brennpunkten der jeweiligen Ansätze, insbesondere an der jeweiligen Konzeptualisierung des Theorie-Praxis-Verhältnisses, wird als ein vorbereitender Schritt zur Neuformulierung einer Erziehungswissenschaft als Handlungswissenschaft verstanden. Im einzelnen werden an ausgewählten Beispielen die traditionelle Pädagogik, die geisteswissenschaftliche Pädagogik, die empirische Erziehungswissenschaft und die kritische Erziehungswissenschaft behandelt. Auf die erziehungswissenschaftliche Handlungsforschung und einige neuere Ansätze wird aus darstellungstechnischen Gründen im Schlußteil der Arbeit eingegangen.

1. 1 Traditionelle Pädagogik

Die traditionellen Ansätze in der Pädagogik (u. a. repräsentiert durch Rousseau, Schleiermacher, Herbart und die Herbartianer, Willmann, die Fichte-Schüler Ritter, Sauer, Cramer u. a., Hönigswald) waren an der Erziehungspraxis orientiert; traditionelle Pädagogik verstand sich - so ließe sich gleichsam zusammenfassend festhalten - als „Wissenschaft von der Erziehung für die Erziehung."[1] Konstitutiver Ausgangspunkt waren die lebenspraktischen erzieherischen Handlungsprobleme; der durch diese Probleme motivierte Reflexionsprozeß war ein konkreter, auf die spezifische Erziehungssituation bezogener; die in diesem Prozeß erzielten theoretischen Resultate waren im Zirkel von Praxis-Theorie-Praxis an die Praxis rückzuvermitteln. Betrachten wir diesen Zirkel von Praxis-Theorie-Praxis etwas näher. Dabei ist es unabdingbar, auf einzelne Konzeptionen selbst einzugehen; wir rekurrieren dazu auf zentrale Argumentationsfiguren bei Schleiermacher, Rousseau und Herbart, die Einblicke geben in deren Versuche der Konzeptualisierung des pädagogischen Theorie-Praxis-Verhältnisses.

Schleiermacher geht bei der Konstitution des pädagogischen Theorie-Praxis-Verhältnisses von der geschichtlichen Erfahrung, von der Praxis selbst und nicht von einer apriorischen Begrifflichkeit aus; er schreibt: „Ist doch überhaupt auf jedem Gebiete, das Kunst heißt im engeren Sinne, die Praxis viel älter als die Theorie, so daß man nicht einmal sagen kann, die Praxis bekomme ihren bestimmten Charakter erst mit der Theorie. Die Dignität der Praxis ist unabhängig von der Theorie; die Praxis wird nur mit der Theorie eine bewußtere."[2] Und weiter: „In der Theorie haben wir nun aber nichts anderes zu tun, als die gegenwirkende und unterstützende pädagogische Tätigkeit aufzustellen und deren gegenseitiges Verhältnis nachzuweisen; dem Leben selbst haben wir dann zu überlassen, was in jedem Augenblick getan werden sollte. Die Theorie leistet nur den Dienst, welchen das besonnene Bewußtsein überall in der Praxis leistet; denn wo wahre Besonnenheit ist, da wird auch im Leben immer auf den Komplex der Aufgabe gesehen, nicht auf den Augenblick allein."[3] Schleiermacher entwirft sein Konzept des pädagogischen Theorie-Praxis-Verhältnisses nicht von einer normativen, situationsinvarianten und ahistorischen Theorie, sondern von der lebenspraktischen, geschichtlich vermittelten pädagogischen Wirklichkeit her. Die Dignität der Praxis ist in dieser Konzeption der Theorie immer schon vorgeordnet. Die Theorie in ihrer expliziten Form hat demzufolge der Praxis nicht voranzugehen, sondern sie hat sie rekonstruktiv, und zwar - so das Schleiermachersche Selbstverständnis - nach Regeln der Hermeneutik aufzuklären. Theorie steht im Dienste der immer schon vorgängigen Praxis; dem Theoretiker fällt die Aufgabe zu, die rekonstruktiv gewonnenen Resultate an die Praxis weiterzuleiten. Dieses den Primat der Praxis postulierende Wechselwirkungsverhältnis von Theorie und Praxis hält Schleiermacher übrigens auch bei, wenn es um die Bestimmmung des Zueinanders von Pädagogik, Ethik und Politik geht.

Obwohl Schleiermacher vom Primat der Praxis ausgeht und von diesem her das pädagogische Theorie-Praxis-Verhältnis bestimmt, weist seine Konzeption ein fundamentales Defizit auf. Schleiermacher bietet uns eine bloße Reflexion *über* das Verhältnis von Theorie und Praxis, ohne daß er die Verwurzelung dieses Verhältnisses in den Strukturen der Handlung selbst systematisch zur Explikation brächte. Es erfolgt also gerade keine Ableitung des pädagogischen Theorie-Praxis-Verhältnisses aus der pädagogischen Handlung. Der Zusammenhang von Handlung und Theorie wird letztlich reflektierend, in bewußtseinsphilosophischer Einstellung abgehandelt. Von einer wissenschaftlich fundierten handlungstheoretischen Begründung des pädagogischen Theorie-Praxis-Verhältnisses kann denn auch bei Schleiermacher nicht die Rede sein; sein spekulativ dialektisches Denken kreist um die Begriffe von Theorie und Praxis, ohne letztlich in deren Fundierungsschichten in den Strukturen praktischen Handelns einzudringen. Schleiermachers Konzeption liefert allenfalls eine erste allgemeine Bestimmung des Zueinanders von pädagogischer Theorie und Praxis, hinter die nicht zurückzufallen ist; diese besteht in der Erkenntnis der Dignität der pädagogischen Praxis und der Funktion wissenschaftlicher pädagogischer Theorie als einer hermeneutisch rekonstruktiv aufklärenden.

In Rousseaus Schriften – u. a. in seinem klassischen Erziehungsroman „Emil oder über die Erziehung" – finden wir keine direkte systematisch begründete handlungstheoretische Abhandlung über das pädagogische Theorie-Praxis-Verhältnis. Für die Konzeption einer Erziehungswissenschaft als Handlungswissenschaft wird man nicht fundamental von den Rousseauschen Reflexionen ausgehen können, denn gerade der von Rousseau verwendete Handlungsbegriff ist allzusehr auf einer vordialektischen Ebene angesiedelt, die den wissenschaftstheoretisch fortgeschrittenen, sprachtheoretisch aufgeklärten, strukturalen Denk- und Forschungsansätzen nicht mehr standhält. So heißt es etwa – zentral auf den Handlungsbegriff bezogen – im 4. Buch des „Emil", im Glaubensbekenntnis des savoyischen Vikars: „Der Urgrund einer jeden Handlung liegt im Willen eines freien Wesens, darüber kommt man nicht hinaus. Nicht das Wort ‚Freiheit' hat keinen Sinn, sondern das Wort ‚Notwendigkeit'. Irgend eine Handlung oder Wirkung annehmen, die nicht einer tätigen Ursache entspringt, heißt wahrhaftig Wirkungen ohne Ursachen setzen, heißt einen Zirkelschluß vollziehen ... Der Mensch ist also frei in seinen Handlungen und als freies Wesen von einer immateriellen Substanz beseelt."[4] Die Konzeptualisierung eines Handlungsbegriffs, der – wie hier der Rousseausche – die Dialektik von Notwendigkeit und Freiheit, von Strukturgesetzen und Subjektivität unterläuft, ist heute wissenschaftstheoretisch – wie etwa die pragmatistisch-naturalistische Wissenschafts-, Erkennntnis- und Handlungstheorie zeigt – nicht mehr haltbar.

Das schmälert nicht die Verdienste der Rousseauschen Reflexionen über den Erziehungsprozeß, die gleichwohl unverlierbare Einsichten für die Pädagogik zum Resultat hatten. Die Rousseauschen Erkenntnisse über den „Gang der Natur", der dem Erziehungsgeschehen zugrundeliegt und seine kontrafaktischen Entwürfe einer konkreten Utopie der Erziehung stehen hier denn auch weniger zur Kritik. Es scheint wohl auch dann noch unabdingbar zu sein, auf Rousseausche Einsichten über den Erziehungsprozeß zu rekurrieren, wenn von einer Erhebung der Erziehungswissenschaft zur Handlungswissenschaft die Rede sein kann, und es gilt, vom handlungstheoretischen Paradigma her die übergreifenden philosophischen und metaphysischen Implikationen der Pädagogik erneut zu erörtern.

Dem Philosophen, Psychologen und Pädagogen Johann Friedrich Herbart kommt in der traditionellen Pädagogik eine besondere Rolle insofern zu, als er darum bemüht war, Pädagogik systematisch zu begründen und sie zur Wissenschaft zu erheben. Von besonderem Interesse in unserem Kontext ist die Beleuchtung des pädagogischen Theorie-Praxis-Verhältnisses bei Herbart. Um die Herbartschen Erörterungen zum pädagogischen Theorie-Praxis-Verhältnis zu erfassen, scheint es sinnvoll, zwischen zwei Modellen zu unterscheiden.[5]

Für das sogenannte erste anzusetzende Modell gilt, daß Pädagogik ihre Begründung nicht aus sich selbst heraus erfährt, sondern, was das Ziel der Erziehung, die Sittlichkeit, betrifft, auf die praktische Philosophie und, was die Mittel zur Erreichung dieses Ziels betreffen, auf die Psychologie angewiesen ist. Dazu äußert sich Herbart wie folgt: „Pädagogik als Wissenschaft hängt ab von der praktischen Philosophie und Psychologie. Jene zeigt das Ziel der Bildung, diese den Weg, die Mittel und die Hindernisse."[6] Und weiter: „Das Nächste aber ist die zweifache Begründung der Pädagogik, teils durch die praktische Philosophie, teils durch die Psychologie ..."[7] Damit aber sind in diesem Modell die Konturen des pädagogischen Theorie-Praxis-Verhältnisses festgelegt: Die Bestimmung des Ziels der Erziehung – nach dem Herbartschen Selbstverständnis die Sittlichkeit – erfolgt deduktiv von der praktischen Philosophie, von der Ethik her; zur Erreichung dieses Ziels gilt es, die von Herbart selbst entworfene assoziationistisch orientierte Psychologie anzuwenden.[8]

In diesem Modell ist pädagogisches Handeln und ist pädagogische Erfahrung strukturell von einer doppelten Subsumtionslogik umspannt: Einmal von einer bewußtseinsphilosophisch verstandenen Ethik und ein anderes

Mal von einer subjektiv-assoziationistisch orientierten Psychologie her. Herbart geht in diesem Modell gerade nicht von der pädagogischen Handlung selbst, sondern von bewußtseinsphilosophisch-intellektualistischen Konstruktionen aus, und zwar nicht nur, was die Ethik, sondern auch, was die Psychologie betrifft.

Ist das erste Modell für die Konstitution einer Erziehungswissenschaft als Handlungswissenschaft gänzlich ungeeignet, so ist ein Blick zu werfen auf weitere Thematisierungen des pädagogischen Theorie-Praxis-Verhältnisses im Herbartschen Werk. Eine interessante Erörterung des pädagogischen Theorie-Praxis-Verhältnisses findet sich indes in Herbarts erster Vorlesung über Pädagogik von 1802.[9] In dieser Vorlesung konstruiert Herbart ein triadisches Verhältnis von Theorie, pädagogischem Takt und Praxis. Der pädagogische Takt bildet dabei gleichsam das Mittelglied zwischen Theorie und Praxis. Hören wir dazu die Argumentation Herbarts: „Nun schiebt sich aber bei jedem noch so guten Theoretiker, wenn er seine Theorie ausübt ... *zwischen die Theorie und die Praxis* ganz unwillkürlich ein Mittelglied ein, ein gewisser *Takt* nämlich, eine schnelle Beurteilung und Entscheidung, die nicht ... wie eine vollkommen durchgeführte Theorie wenigstens sollte, sich rühmen darf, bei strenger Konsequenz und in völliger Besonnenheit an die Regel, zugleich die wahre Forderung des individuellen Falles ganz und gerade zu treffen. Eben weil zu solcher Besonnenheit, zu vollkommener Anwendung der wissenschaftlichen Lehrsätze ein übermenschliches Wesen erfordert werden würde, entsteht unvermeidlich in dem Menschen, wie er ist, aus jeder fortgesetzten Übung eine Handlungsweise, welche zunächst von seinem Gefühl, und nur entfernt von seiner Überzeugung abhängt; worin er mehr der inneren Bewegung Luft macht, mehr ausdrückt, wie von außen auf ihn gewirkt sei, mehr seinen Gemütszustand, als das Resultat seines Denkens zutage legt ... ich kehre zu meiner Bemerkung zurück, daß unvermeidlich der Takt in die Stellen eintrete, welche die Theorie leer ließ, und so der unmittelbare Regent der Praxis werde. Glücklich ohne Zweifel, wenn dieser Regent zugleich ein wahrhaft gehorsamer Diener der Theorie ist, deren Richtigkeit wir hier voraussetzen. Die große Frage nun, an der es hängt, ob jemand ein *guter* oder *schlechter Erzieher* sein werde, ist einzig diese: wie sich jener Takt bei ihm ausbilde? ob getreu oder ungetreu den Gesetzen, welche die Wissenschaft in ihrer weiten Allgemeinheit ausspricht?

Lassen Sie uns ein wenig weiter nachsinnen, auf welche wirkenden Ursachen, auf welche Einflüsse es denn ankomme, wie sich jener *Takt* in uns fortsetzen wird? – *Er bildet sich erst während der Praxis* ; er bildet sich durch die Einwirkung dessen, was wir in dieser Praxis erfahren, auf unser *Gefühl* ... Mit anderen Worten: durch Überlegung, durch Nachdenken, Nachforschung, durch Wissenschaft soll der Erzieher vorbereiten – nicht sowohl seine künftigen Handlungen in einzelnen Fällen, als vielmehr sich selbst, sein Gemüt, seinen Kopf und sein Herz zum richtigen Aufnehmen, Auffassen, Empfinden und Beurteilen der Erscheinungen, die seiner warten, und der Lage, in die er geraten wird ... Es gibt also – das ist mein Schluß – es gibt eine *Vorbereitung auf die Kunst durch die Wissenschaft*; eine Vorbereitung des Verstandes und des Herzens vor Antretung des Geschäfts, vermöge welcher die Erfahrung, die wir nur in der Betreibung des Geschäfts selbst erlangen können, allererst belehrend für uns wird. *Im Handeln lernt man die Kunst*, erlangt man Takt, Fertigkeit, Gewandtheit, Geschicklichkeit; aber selbst im Handeln lernt die Kunst nur der, welcher vorher im Denken die Wissenschaft gelernt, sie sich zu eigen gemacht, sich durch sie gestimmt, – und die künftigen Eindrücke, welche die Erfahrung auf ihn machen sollte, vorbestimmt hatte."[10]

Das auffallend Neue dieser Konzeptualisierung des pädagogischen Theorie-Praxis-Verhältnisses besteht in der Einführung des pädagogischen Takts; dieser bildet gleichsam die Vermittlungsinstanz zwischen Theorie und Praxis. Er schließt – nach Herbart – Theorie und Praxis in sich. Der pädagogische Takt bezieht sich auf die subjektiven Eigenschaften, kurz auf die Subjektivität des Erziehers. Denn Takt im Sinne Herbarts meint die Entscheidung des Erziehers in der pädagogischen Praxis; er wird umschrieben mit Begriffen wie „Fertigkeit", „Gewandtheit", „Geschicklichkeit" und dem Gefühl für die Situation.[11] Der pädagogische Takt wird auf der Grundlage theoretisch-wissenschaftlichen Hintergrundwissens im Handeln, in der Praxis erlangt; als erlangter ist er der Regent der Praxis. Stellt man nun die eindringlichere Frage, wie denn der pädagogische Takt in der pädagogischen Praxis erlangt wird, und wie es kommt, daß dieser sich gleichsam unwillkürlich zwischen Theorie und Praxis schiebt, so erhält man keine schlüssige Antwort. Es wird dann entweder unaufhörlich auf die Praxis rückverwiesen, oder es wird auf die Unwillkürlichkeit verwiesen, mit der sich der pädagogische Takt zwischen Theorie und Praxis schiebt. Diese mangelhafte Auskunft hängt unseres Erachtens damit zusammen, daß Herbart keine Ableitung der subjektiven Eigenschaften, d. i. hier des pädagogischen Takts aus der Intersubjektivität praktischen Handelns selbst vornimmt; er umschreibt den pädagogischen Takt lediglich mit Kategorien des common-sense und schaltet ihn - ohne immanent handlungstheoretische Begründung - zwischen Theorie und Praxis. Das ist aber völlig unzureichend, wenn es um eine systematische Grundlegung des pädagogischen Theorie-Praxis-Verhältnisses geht. Die gesamte Konstruktion erscheint denn auch retrospektiv betrachtet als ein Amalgam letztlich doch bewußtseinsphilosophischer Konstruktionen (Theorie - pädagogischer Takt - Praxis; daran ändert auch nichts die richtige Erkenntnis von deren Wechselwirkung) und unaufgeklärt bleibender common-sense-Begrifflichkeiten. Um über diese Ebene hinauszugelangen, hätte Herbart nicht nur den Begriff des pädagogischen Takts, sondern auch das Verhältnis von Theorie und Praxis aus den Strukturen praktischen Handelns ableiten müssen. Beides versäumt Herbart auch in dem sogenannten zweiten pädagogischen Theorie-Praxis-Modell.

1. 2 Geisteswissenschaftliche Pädagogik

Die geisteswissenschaftliche Pädagogik, die sich in den zwanziger Jahren konstituierte, zählt zu ihren führenden Repräsentanten u. a. in der ersten Generation Hermann Nohl, Theodor Litt, Eduard Spranger, Wilhelm Flitner, Erich Weniger, Max Frischeisen-Köhler und in der zweiten Generation Elisabeth Blochmann, Fritz Blättner, Otto Friedrich Bollnow, Georg Geissler, Hans Wenke. Ihre entscheidenden wissenschafts- und handlungstheoretischen Anregungen erhielt die geisteswissenschaftliche Pädagogik durch die Philosophie W. Diltheys, dem Schüler und Biographen Schleiermachers.

Die Kritik der geisteswissenschaftlichen Pädagogik galt den traditionellen normativen, situationsinvarianten und ahistorischen Konzeptionen der Pädagogik einerseits sowie der die Logik der Naturwissenschaften ungebrochen auf die Pädagogik applizierenden experimentellen Pädagogik andererseits.

Werfen wir zunächst kurz einen Blick auf den philosophischen Ansatz Diltheys, dem die geisteswissenschaftliche Pädagogik Wesentliches verdankt. Dieser wird am ehesten verständlich auf dem Hintergrund der Diltheyschen historisch gerichteten Kritik an der Kantischen transzendentalen Subjektivität; nicht ist mehr nach Dilthey von der von allem Empirischen gereinigten reinen Vernunft auszugehen, sondern es ist beim Leben selber verstehend anzusetzen. Die Kritik Diltheys an der transzendentalen, apriorischen und ahistorischen Subjektivität Kants ist mit der Intention verbunden, auf die Empirie selber, auf das Leben in seiner ganzen Fülle und Breite zu rekurrieren. Die Diltheysche Kritik gilt indes nicht bloß für die Kantische Wissenschaftstheorie, sondern auch für den klassischen Empirismus, denn, so der Autor: „In den Adern des erkennenden Subjekts, das Locke, Hume und Kant konstruierten, rinnt nicht wirklich

Blut, sondern der verdünnte Saft von Vernunft als bloßer Denktätigkeit. Mich führte aber historische wie psychologische Beschäftigung mit dem ganzen Menschen dahin, diesen in der Mannigfaltigkeit seiner Kräfte, das wollend fühlend vorstellende Wesen ... zugrunde zu legen."[12] Die in der Diltheyschen Philosophie angelegte Kritik an der abstrakten, vorgeordneten Begrifflichkeit und der damit verbundene Rekurs auf das Leben selber, auf die ganze Fülle und Breite lebendiger Erfahrungen hatte weitreichende Folgen für alles, was mit Erziehung und ihrem Umfeld zusammenhängt. Erziehung ist nun nicht mehr, wie in der Tradition geschehen, von einer vorgeordneten, situationsinvarianten, ethischen Theorie her zu bestimmen; sie ist selber als lebensweltlich und lebenspraktisch verwurzelt zu denken und kann demzufolge nur von der konkreten, historisch spezifisch bestimmten Lebenspraxis her verstanden werden. Denn, so Dilthey: „Nur aus dem Ziel des Lebens kann das der Erziehung abgeleitet werden, aber dieses Ziel des Lebens vermag die Ethik nicht allgemeingültig zu bestimmen. Dies kann schon aus der Geschichte der Moral erkannt werden. Was der Mensch sei und was er wolle, erfährt er erst in der Entwicklung seines Wesens durch die Jahrtausende und nie bis zum letzten Wort, nie in allgemeingültigen Begriffen, sondern immer nur in lebendigen Erfahrungen, welche aus der Tiefe seines ganzen Wesens entspringen. Dagegen hat sich jede inhaltliche Formel über den letzten Zweck des Menschenlebens als historisch bedingt erwiesen."[13] Aus dem Leben selber, aus Erfahrung und Geschichte erst ist das mit Erziehung Gemeinte zu verstehen. Nicht die vorgängige abstrakte ethische Normierung pädagogischen Handelns – wie sie u. a. den pädagogischen Konzeptionen August Hermann Franckes, Herbarts und der Herbartianer innwohnte –, sondern die alltägliche pädagogische Lebenspraxis war der Ausgangspunkt der sich an Diltheys Wissenschafts- und Handlungstheorie anschließenden Pädagogik. Dilthey selbst hatte durch die Abgrenzung der Natur- von den Geisteswissenschaften letzteren eine eigene, ihrem Objektbereich angemessene Methodologie zu verschaffen versucht; das ausgezeichnete Verfahren der Geisteswissenschaften, das weiterzuentwickeln war, sah er in der Hermeneutik und nicht in der analytischen Logik der Naturwissenschaften. Demzufolge galt es, die immer schon vorgegebene Lebens- und Erziehungswirklichkeit gleichsam als einen Text aufzufassen und nach methodologischen Regeln hermeneutisch rekonstruktiv auszulegen. Damit rücken die These der Textförmigkeit pädagogischer Wirklichkeit und das sie methodologisch und methodisch aufschließende Verfahren der Hermeneutik mit ins Zentrum geisteswissenschaftlicher Pädagogik.

Versuchen wir nach diesen einleitenden Bemerkungen kurz die charakteristischen Eigenschaften geisteswissenschaftlicher Pädagogik zu benennen; es handelt sich dabei vor allem um folgende: (1) Um den Ausgang von der pädagogischen Lebenspraxis und der dieser immanenten Geschichtlichkeit; (2) Um die These der Textförmigkeit der pädagogischen Wirklichkeit; (3) Um die Adaptation und Weiterentwicklung der Hermeneutik Schleiermachers und Diltheys als einer Methodologie zur Erfassung der Erziehungswirklichkeit; (4) Um die Konsitution eines Theorie-Praxis-Verhältnisses im Primat der Praxis; (5) Um die Betonung der relativen Autonomie von Erziehung und Erziehungswirklichkeit; (6) Um den pädagogischen Bezug.[14]

In unserem Kontext ist es nun vor allem von Interesse, zu betrachten, wie das pädagogische Theorie-Praxis-Verhältnis auf dem Hintergrund des Postulats des Vorrangs der Erziehungswirklichkeit in der geisteswissenschaftlichen Pädagogik konzeptualisiert wurde. Dazu ist das Zueinander von Lebenspraxis, Theorie und Hermeneutik zu beleuchten. Geisteswissenschaftliche Pädagogik – und das gilt prinzipiell für alle Ansätze, mögen sie auch im einzelnen sich voneinander unterscheiden – setzt an bei der vor jeder expliziten Theorie gegebenen, aber implizit immer schon mit Theorie durchtränkten Erziehungswirklichkeit. Dabei wurde die Erziehungswirklichkeit als Text betrachtet, den es – über das allgemeine Vorverständnis hinaus – nach hermeneutischen Regeln rekonstruktiv zu entziffern galt. Die Identifikation von Erziehungswirklichkeit und Text war deshalb möglich, weil im Anschluß an die Diltheysche Wissenschaftstheorie die Erziehungswirklichkeit als geschichtliches Resultat geistiger Objektivationen betrachtet werden konnte, die in Form von Texten protokollierbar und nach methodologisch ausgearbeiteten Regeln dechiffrierbar war. Bollnow bringt diese charakteristische Eigenschaft der geisteswissenschaftlichen Pädagogik, deren Richtigkeit übrigens durch neuere sprach- und handlungstheoretische Erkenntnisse sich zu bestätigen scheint, prägnant zum Ausdruck, wenn er formuliert: „Die in der Praxis schon immer entwickelte Erziehung mit ihren Einrichtungen und Verfahrensweisen ist der ‚Text', den es in der pädagogischen Theorie auszulegen und zu deuten gilt."[15] Der Textbegriff der geisteswissenschaftlichen Pädagogik bezog sich auf die Materialität der pädagogischen Wirklichkeit; er gilt keinesfalls – wie immer wieder irrtümlich angenommen wird – nur für historisch fixierte Texte, obgleich diese im Vordergrund geisteswissenschaftlicher hermeneutischer Rekonstruktionsanalysen standen. Der Zirkel von Praxis, Theorie und Praxis läßt sich nun wie folgt beschreiben: Konstitutiv für das Theorie-Praxis-Verhältnis in der geisteswissenschaftlichen Pädagogik war der Ausgang von dem konkreten pädagogischen Handlungsproblem; dieses galt es – gemäß der Auffassung von der Erziehungswirklichkeit als einem Text – rekonstruktiv nach methodologischen Regeln zu deuten; die dabei erzielten Resultate waren dann an die Praxis rückzuvermitteln. Obgleich wir unterschiedliche Ansätze in der geisteswissenschaftlichen Pädagogik finden – etwa die historisch orientierte Hermeneutik bei H. Nohl, die strukturell orientierte Hermeneutik bei E. Weniger und die engagierte Hermeneutik bei W. Flitner – entscheidet sich doch daran, wie die Grundbegrifflichkeiten der Erziehungswirklichkeit und der Hermeneutik (auch hier können die jeweiligen Ausdifferenzierungen vernachlässigt werden) im Kontext des Verhältnisses von Praxis, Theorie und Praxis bestimmt, verortet und zur Explikation gebracht worden sind, ob der Anspruch der geisteswissenschaftlichen Pädagogik, eine Handlungswissenschaft von der und für die Erziehung zu sein, sich aufrecherhalten läßt.

Versucht man zu eruieren, was denn in der geisteswissenschaftlichen Pädagogik unter dem Grundbegriff der Erziehungswirklichkeit verstanden wird, so stellt man fest, daß dieser Begriff eigentümlich unbestimmt bleibt. Er ist – wie etwa Tenorth zurecht kritisch hervorhob – eine bloße „Substratorientierung."[16] Über den Begriff der Erziehungswirklichkeit wird letztlich weiter nichts ausgesagt, als daß er eben die Wirklichkeit von Erziehung meint: fürwahr eine bloße Tautologie. Dahinter verbirgt sich aber nichts anderes als das strukturale Defizit geisteswissenschaftlicher Pädagogik, d. i. die ungenügende handlungstheoretische Explikation des Begriffes der Erziehungswirklichkeit. Mehr als Tautologisches ließe sich über den Begriff der Erziehungswirklichkeit erst dann aussagen, wenn die Strukturen, die die Erziehungswirklichkeit basal konsitutieren, freigelegt würden. Das aber haben prinzipiell alle Ansätze innerhalb der geisteswissenschaftlichen Pädagogik mehr oder weniger versäumt. Dieses strukturale Defizit hängt wiederum eng mit dem reduktionistischen Hermeneutikverständnis der geisteswissenschaftlichen Pädagogik zusammen. Geisteswissenschaftliche Pädagogik rekurriert zum Zweck der Auslegung der Erziehungswirklichkeit auf die geisteswissenschaftliche Hermeneutik in der Tradition Schleiermachers und Diltheys. Diese Form von Hermeneutik aber richtet sich tendenziell auf Bewußtseinsanalyse und gerade nicht primär auf die fundamentalen Strukturen der Lebenswelt; sie geht letztlich nicht auf den Handlungsakt sui generis, nicht auf die Intersubjektivität miteinander handelnder und kommunizierender Subjekte, sondern auf deren Derivate. Eine tendenziell bewußtseinsphilosophisch verkürzte Hermeneutik aber, die die Grundstrukturen pädagogischen Handelns und pädagogischer Wirklichkeit nicht erreicht, muß zwangsläufig im Zirkel von Praxis-Theorie-Praxis scheitern. Mit der traditionellen geisteswissenschaftlichen Hermeneutik hatte die geisteswissenschaftliche Pädagogik keine geeignete hermeneutische Methodologie zur Verfügung, um Praxis praktisch folgenreich über sich selbst aufzuklären. Der Ausweg, der dann offenblieb, war der der Interpretation historisch überlieferter fixierter Texte, obwohl hier dasselbe Problem auf freilich anderer Ebene wieder auftaucht.

Mit der bewußtseinsphilosophischen Orientierung der geisteswissenschaftlichen pädagogischen Hermeneutik hängt denn auch das ideologiekritische Defizit jenes Paradigmas zusammen. Das läßt sich in der geisteswissenschaftlichen Pädagogik noch daran ablesen, daß das gar nicht anders als gesellschaftlich vermittelt vorzustellende pädagogische Handeln als gesellschaftlich unvermittelt erscheint. „Die Tatsache, daß Erziehungsprozesse bis hin zu dem im Begriff des ‚Pädagogischen Bezuges‘ von Nohl theoretisch vergegenwärtigten Grundverhältnis gesellschaftlich vermittelt sind, wurde überhaupt nicht zum Gegenstand der Reflexion. Vielmehr wurde Erziehung in einem vorgesellschaftlichen, herrschaftsfreien, unpolitischen Raum angesiedelt, in dem das Kind zu ‚seinem Wohle' kommen könnte, wenn nur der Erzieher sich entschlösse, das ‚Wesen des erzieherischen Verhaltens' (Nohl) zu realisieren: eine idealistische Konzeption des guten Willens und der reinen pädagogischen Gesinnung."[17]

Trotz dieser spezifischen Defizite hat die geisteswissenschaftliche Pädagogik durch ihre Kritik an der abstrakt normativ verfahrenden traditionellen Pädagogik, ihren Rekurs auf die pädagogische Praxis und ihre These von der Textförmigkeit der Erziehungswirklichkeit wichtige Orientierungen zur Konstitution einer Erziehungswissenschaft als Handlungswissenschaft gegeben, hinter die nicht zurückzufallen ist. Das wird besonders deutlich an E. Wenigers Konzeption des pädagogischen Theorie-Praxis-Verhältnisses, das – trotz spezifischer im geisteswissenschaftlichen Paradigma nicht aufzuhebender Defizite – in erstaunlicher Weise, gleichsam über sich hinausweisend, der struktural-dialektischen Perspektive des Verhältnisses von Theorie und Praxis sich annähert.[18]

1. 3 Empirische Erziehungswissenschaft

Die Geschichte der empirischen Erziehungswissenschaft reicht bis zur Jahrhundertwende zurück. Dabei lassen sich verschiedene Entwicklungsphasen unterscheiden, die nicht zuletzt unterschiedliche wissenschaftstheoretische Diskussionen über die Methodologie der experimentell verfahrenden Naturwissenschaften widerspiegeln. Die Geschichte der empirischen Erziehungswissenschaft ist mindestens durch 5 Phasen gekennzeichnet, und zwar durch:[19]

(1) Die experimentelle Pädagogik von W. August Lay und E. Meumann;

(2) Die pädagogische Tatsachenforschung von Else und Peter Petersen;

(3) Die deskriptive Erziehungswissenschaft von Aloys Fischer und Rudolf Lochner;

(4) Die „realistische Wendung" in der Erziehungswissenschaft durch Heinrich Roth mit dem Versuch der Vermittlung von Empirie und Hermeneutik;

(5) Die Rezeption des kritischen Rationalismus (Popper; Albert), des Konstruktivismus (V. Kraft) und weiterer Ansätze der Analytischen Philosophie durch Wolfgang Brezinka.

Die Orientierung an der Methodologie der experimentell verfahrenden Naturwissenschaften bzw. an der analytisch-empirischen Wissenschaftstheorie, die sich je nach dem wissenschaftsgeschichtlichen Standort der jeweiligen Entwürfe unterschiedlich gestaltet, wie sich unschwer an der Abfolge und der Rezeption der Wissenschaftstheorien des klassischen Positivismus, des Neopositivismus, des Konstruktivismus, des kritischen Rationalismus etc. ablesen läßt, ist das Gemeinsame der relevanten empirischen Ansätze innerhalb der empirischen Erziehungswissenschaft, sieht man einmal von den Vermittlungsversuchen zwischen Empirie und Hermeneutik ab. Wir konzentrieren uns hier auf den wissenschaftsgeschichtlich aktuellsten und wissenschaftstheoretisch explizitesten Ansatz innerhalb der empirischen Erziehungswissenschaft, d. i. auf die Konzeption von Wolfgang Brezinka.

In seinem wissenschaftstheoretischen Ansatz orientiert sich W. Brezinka, um die Aporien des klassischen Positivismus und des Neopositivismus wissend, am kritischen Rationalismus Poppers und am Konstruktivismus V. Krafts sowie an der neueren Analytischen Philosophie.[20] Brezinka versucht, von diesen durchaus heterogenen Wissenschaftstheorien ausgehend, eine Metatheorie der Erziehung zu entwerfen. Diese sieht eine Dreiteilung der Pädagogik in die „empirische Erziehungswissenschaft", die „Philosophie der Erziehung" und die „Praktische Pädagogik" vor. Von besonderem Interesse in unserem Kontext ist die Beleuchtung der Konzeptualisierung des Theorie-Praxis-Verhältnisses der empirischen Erziehungswissenschaft. Die Struktur dieses Verhältnisses läßt sich indes am ehesten erfassen, wenn man den hypothetisch-deduktiven Theorietypus näher betrachtet, für den sich Brezinka auf dem Hintergrund insbesondere des Kraftschen Konstruktivismus und des Popperschen kritischen Rationalismus entscheidet. Der hypothetisch-deduktive Theorietypus kann im Sinne Brezinkas, der sich hier in erster Linie auf den Kraftschen Konstruktivismus stützt, wie folgt beschrieben werden.[21] Den Entstehungszusammenhang der hypothetisch-deduktiven Theorie konstituieren aus Empfindungen und Erfahrungswissen zusammengesetzte Wahrnehmungserlebnisse; diese Wahrnehmungserlebnisse sind nun in eine logische Form zu transformieren durch die Konstitution hypothetischer Konstruktionen. Aus den hypothetischen Konstruktionen sind dann mit Hilfe logischer Ableitungen systematisch geforderte Wahrnehmungen zu deduzieren, die mit den tatsächlichen Wahrnehmungen verglichen werden. Es stellt sich nun sogleich die Frage, welche Form von Erfahrung dieser Theorietypus zur Geltung kommen läßt. Bei näherer Betrachtung zeigt sich, daß im hypothetisch-deduktiven Theorietypus Erfahrung zweifach zur Applikation kommt, und zwar im Entstehungs- und im Begründungszusammenhang. Im Entstehungszusammenhang dient die eingebrachte Erfahrung der Konstitution hypothetischer Konstruktionen. Dabei sind das lebenspraktisch gewonnene Erfahrungswissen bzw. die Wahrnehmungserlebnisse zur Konstitution hypothetischer Konstruktionen zu systematisieren bzw. zu instrumentalisieren nach Maßgabe eben der apriorischen Erkenntnisprinzipien, die orientiert sind am Postulat der Ordnung und der Gesetzmäßigkeit. Erfahrung kommt hier nur mehr in der Form, die das applizierte logische Implikationsschema zuläßt, zur Geltung. Die hypothetischen Konstruktionen selbst als in gesetzmäßigen Zusammenhängen zueinander stehend müssen nun, um Gültigkeit zu erhalten, mit Wahrnehmungserlebnissen verglichen werden; dies können nun nicht einfach ungereinigte Wahrnehmungserlebnisse sein; es müssen ebenfalls gesetzmäßige Beziehungen sein, da nur diese den konstruierten Hypothesen zugeordnet werden können. Die Erfahrungen im Kontext der Verifikation (bzw. der Falsifikation) der jeweiligen hypothetischen Konstruktionen sind demnach gesetzmäßige, systematisch geforderte Erfahrungen. Wir finden so eine zweifache Instrumentalisierung von Erfahrung im hypothetisch-deduktiven Theorietypus: Insofern als im Kontext der Konstitution der hypothetischen Konstruktionen die regelmäßigen Wahrnehmungserlebnisse in eine gesetzmäßige Ordnung zu transformieren sind, ist von einer Instrumentalisierung der Erfahrung erster Ordnung zu reden; insofern Erfahrung als Verifikation dient, sie über den logischen Folgerungszusammenhang an die hypothetischen Konstruktionen rückgebunden ist, ist von einer Instrumentalisierung der Erfahrung zweiter Ordnung zu reden.

Diese logizistische Reinigung von Erfahrung durch die Applikation des hypothetisch-deduktiven Theorietypus führt in schier unlösbare Aporien, wenn es um die Erhebung der Erziehungswissenschaft zur Handlungswissenschaft geht. Denn die Regeln der analytischen Wissenschaftstheorie, auf denen der hypothetisch-deduktive Theorietypus basiert, sind aus dem praktischen Handeln abstrahierte logische Spezifika; diese können nicht einfach in einer bloß abstrakten Umkehrbewegung wieder auf das praktische – und das meint hier das pädagogische – Handeln angewandt werden, ohne dieses um entscheidende Dimensionen zu verkürzen. Die subsumtionslogische Anwendung der aus dem praktischen Handeln selbst gewonnenen analytischen Regeln auf dieses führt nicht zur Erfassung der Strukturen pädagogischen Handelns, sondern bloß zu dessen szientifisch-technizistischer Reduzierung.

Die empirisch-analytisch orientierte Erziehungswissenschaft - hier exemplarisch beleuchtet an ihrem bislang explizitesten Entwurf, der Brezinkaschen empirischen Erziehungswissenschaft - scheitert also, intendiert sie im Alleingang die Erfassung des mit Erziehung Gemeinten, von vorneherein daran, daß sie dem praktischen Handeln immer schon etwas voraussetzt und auf es anwendet, was ein ganz spezifisches Produkt eben dieses Handelns ist. Ihre zentrale Aporie besteht darin, daß sie zur Konstitution ihres Theorie-Praxis-Verhältnisses nicht vom Handlungsakt selbst, sondern von einem Abstraktionsprodukt ausgeht und von diesem her und mit diesem pädagogische Praxis zu erfassen versucht. Ein derart subsumtionslogisches Procedere aber führt zwangsläufig zu einem technizistisch verengten Verständnis des pädagogischen Verhältnisses von Theorie und Praxis.

Von daher wird es auch verständlich, wenn Brezinka in seiner „Metatheorie der Erziehung“ für das, was in der logizistisch gereinigten „empirischen Erziehungswissenschaft“ nicht aufgeht, gleichsam für die Restprodukte pädagogischen Handelns eine „Philosophie der Erziehung“ und eine „Praktische Pädagogik“ fordert. Die von Brezinka vorgeschlagene Dreiteilung der Pädagogik entbehrt denn auch jeglicher handlungstheoretischen Begründung.

Empirische Erziehungswissenschaft - so können wir resümierend festhalten - ist nicht der pädagogischen Handlung vorzuordnen; ihr ist von dieser her allererst ihr Funktionsbereich in der Erfassung des Erziehungsgeschehens zuzuweisen. Eine solche handlungstheoretisch begründete Funktionsbestimmung der empirischen Erziehungswissenschaft steht bis heute aus.

1. 4 Kritische Erziehungswissenschaft

Die kritische Erziehungswissenschaft verdankt ihre Entstehung wesentlich der kritischen Theorie der Frankfurter Schule (M. Horkheimer; Th. W. Adorno; J. Habermas; u. a.). Mit der Rezeption der kritischen Theorie nimmt die Erziehungswissenschaft bislang sowohl in den traditionellen, den geisteswissenschaftlichen und den empirischen Ansätzen vernachlässigte gesellschaftstheoretische, erkenntnistheoretische und emanzipatorische Dimensionen in ihr Konzept auf. Die Adaptation kritischer Erkenntnis- und Gesellschaftstheorie einerseits und die des emanzipatorischen Erkenntnisinteresses andererseits waren die grundlegenden Elemente, aus denen versucht wurde, eine kritische Erziehungswissenschaft zu konstituieren.[22] Der Rekurs auf die kritische Erkenntnis- und Gesellschaftstheorie sollte der Erziehungswissenschaft dazu verhelfen, die historisch-gesellschaftliche Vermitteltheit ihres Gegenstandsbereiches und ihres Methodenarsenals systematisch zu erkennen; ebenso war mit der Übernahme des zentralen Begriffs der Emanzipation - und den mit diesem verwandten Begriffen wie Mündigkeit, Selbstbestimmung etc. - das emanzipatorische Erkenntnisinteresse als leitendes Interesse zu formulieren, und demzufolge galt es, Erziehungsprozesse emanzipatorisch zu initiieren. Prüfen wir im folgenden, inwieweit die Adaptation kritischer Erkenntnis- und Gesellschaftstheorie wirklich gelang, und wie in der kritischen Erziehungswissenschaft das leitende Erkenntnisinteresse konzeptualisiert wurde.

Dabei bietet es sich an, gemäß unseres exemplarischen Vorgehens, das auf spezifische Aspekte der verschiedenen erziehungswissenschaftlichen Strömungen abzielt, zunächst auf Klafkis Beschreibung der Bedeutung des ideologiekritischen Moments für die kritische Erziehungswissenschaft zu rekurrieren. Hören wir dazu den Autor: „Als wissenschaftliche Grundhypothese verstanden und in der Forschungsarbeit jeweils sachgemäß konkretisiert, hat sich der ideologiekritische Ansatz als überaus aufschlußreich erwiesen. Um es an drei Beispielen zu verdeutlichen: Erst die ideologiekritische Fragestellung hat uns verständlich machen können, welche gesellschaftlichen Bedingungen einerseits das Entstehen der sogenannten klassischen deutschen Bildungstheorie von Herder bis Humboldt ermöglichten, aber auch, welche gesellschaftlich-politischen Wandlungen im 19. Jahrhundert dazu führten, daß diese im Prinzip freiheitliche, gesellschaftliche Schranken kritisierende, emanzipatorisch gemeinte Bildungstheorie zum Mittel und zur Selbstrechtfertigung des sich gegen die Arbeiterschaft abschirmenden Besitzbürgertums degenerierte. Zweitens: Erst die ideologiekritische Forschung hat uns die Fragwürdigkeit herkömmlicher Leistungskriterien in ihrer unkritischen Anwendung auf Erziehung und Unterricht in vollem Umfang zu sehen gelernt ... Und ein drittes Beispiel: Erst die ideologiekritisch eingestellte Forschung hat uns gezeigt, daß die Organisation und die Formen der Berufsausbildung in der Bundesrepublik – und nicht nur hier! – nicht etwa Ergebnis primärer pädagogischer Überlegungen waren und sind, sondern daß sich z. B. hinter dem zweigleisigen Ausbildungssystem ... sehr handfeste unternehmerische Interessen verbergen."[23]

Sucht man danach, wo denn der ideologiekritische Ansatz der kritischen Theorie in der erziehungswissenschaftlichen Forschungsarbeit „sachgemäß konkretisiert" ist – wie Klafki fordert –, so hält man vergeblich Ausschau. In der Regel nämlich – und das gilt auch für die von Klafki angeführten Beispiele – bleibt Ideologiekritik in der erziehungswissenschaftlichen Theorie und Forschung auf dem Niveau eines bloß kritischen Nachfragens stehen. Dieses aber ist allenfalls Ausgangspunkt, aber noch nicht gleichzusetzen mit einer dialektischen Wissenschaft der Ideologiekritik. Erziehungswissenschaftliche Theorie und erziehungswissenschaftliche Forschung haben es bislang versäumt, Ideologiekritik über ein kritisches Nachfragen hinaus sich in ihrer wissenschaftlich dialektischen Form anzueignen. Eine solche dialektische Verfahrensweise bestünde darin, das Ideologische durch die Entfaltung der Differenz von Wesen und Erscheinung, von Struktur und Inhalt an den konkreten Gegenständen von Erziehung und Bildung methodologisch systematisch zu erfassen.

Ideologiekritik in diesem dialektisch gemeinten Sinn, die am konkreten Gegenstand positive und negative Potentiale, richtiges und falsches Bewußtsein zugleich zu entbinden weiß, ist unabdingbare Voraussetzung einer kritischen Wissenschaft von der Erziehung.[24] Das Versäumnis einer angemessenen Aneignung der dialektisch verfahrenden Ideologiekritik aber hatte zur Folge, daß die kritische Erziehungswissenschaft bis heute über erste Versuche ihrer Konstitution nicht hinausgelangt ist, ja, daß von einer kritischen Erziehungswissenschaft eigentlich nur antizipatorisch zu reden ist.

Kommen wir auf das zweite Moment zu sprechen, das für die Konstitution einer kritischen Erziehungswissenschaft zentral ist und das auf das emanzipatorische Erkenntnisinteresse verweist. Hören wir dazu noch einmal Klafki: „Diese Leitbegriffe [gemeint sind neben Emanzipation Mündigkeit, Selbstbestimmung u. a.; H. J. W.] kritischer Gesellschaftstheorie und kritischer Erziehungswissenschaft sind nun nicht etwa als abstrakte, zeitlose Normen gemeint. Sie werden vielmehr selbst als Entdeckungen unter bestimmten historisch-gesellschaftlichen Bedingungen verstanden, sie haben eine Geschichte ... Als Maßstab der Kritik an den bestehenden Verhältnissen bezeichnen die vorher genannten Begriffe – man könnte sie in Anlehnung an Kant ‚regulative Ideen' nennen – zugleich immer konkrete Aufgaben für die jeweils nächste Zukunft. Unter solchen Leitvorstellungen muß die Theorie Modelle der heute und in naher Zukunft möglichen Veränderungen, Verbesserungen oder Neuplanungen entwerfen, z. B. Modelle der Erwachsenenbildung oder des Schulsystems, einer im Sinne des Demokratisierungsprinzips veränderten inneren Organisation pädagogischer Institutionen, neue Curricula, Erziehungs- und Lehrmethoden, neue Hilfsmittel des Lehr- und Lernprozesses usf."[25]

Auch diese Klafkische Beschreibung eignet sich dazu, auf ein weiteres zentrales Defizit der Rezeption kritischer Theorie in der Erziehungswissenschaft aufmerksam zu machen. Nicht daß von Leitbegriffen wie Emanzipation, Mündigkeit etc. als ersten Orientierungen ausgegangen würde, macht das Defizitäre schon aus, sondern erst die Tatsache, daß diese Leitbegriffe ihr Vorgeordnetsein vor der pädagogischen Handlung beibehalten, verweist auf das Unverständnis dialektischer Theorie. Gerade das Festhalten an ihrem Vorgeordnetsein läßt die o. g. Leitbegriffe undialektisch werden, läßt sie zu subsumtionslogischen Begriffsinstrumentarien degenerieren. Eben daß Emanzipation immer nur vor und über, aber nicht in der Handlung selbst material verortet wird, macht ihre undialektische Konzeptualisierung und wohl auch nicht zuletzt ihre praktische Folgenlosigkeit aus. Kritische Erziehungswissenschaft löst den Begriff der Emanzipation - wie auch die anderen damit verwandten Begriffe - handlungstheoretisch und handlungspraktisch nicht ein; als von der Handlung getrennte aber bleiben sie der Handlung selbst gleichgültig und haben letztlich nur eine geringe oder keine Wirkung auf das tatsächliche pädagogische Handeln. Dieses Defizit ist nicht zufällig: Einerseits spiegelt es die Aporien der kritischen Theorie selber und deren ungenügende handlungstheoretische Fundierung wider, andererseits aber verweist es zurück auf die Rezeption einer von Dialektik gereinigten und subsumtionslogisch mißverstandenen kritischen Theorie innerhalb der kritischen Erziehungswissenschaft.

Als ein Versuch, diesem Dilemma schon vom Ansatz her zu entgehen, kann der Mollenhauersche Entwurf einer kritischen Erziehungswissenschaft als „Theorie symbolisch vermittelten kommunikativen Handelns" gedeutet werden.[26] Hier zumindest findet sich der Versuch, emanzipatorische Erziehungsprozesse nicht mehr bloß begriffstheoretisch anzuleiten, sondern sie aus der pädagogischen Interaktion selbst abzuleiten. Obgleich Mollenhauer auf die Struktur kommunikativen Handelns und Interagierens eingeht und von dieser her das Erziehungsgeschehen zu erfassen sucht, ist auch dieser Versuch der Konstitution einer kritischen Erziehungswissenschaft mißlungen. Dies ist vornehmlich dem Umstand geschuldet, daß die Struktur der pädagogischen Handlung nur ganz unzureichend entfaltet wird, insbesondere was die objektiv dialektische Struktur, die zeittheoretischen Verhältnisse von Vergangenheit, Gegenwart und Zukunft und die Rolle der Subjektivität betrifft. Eine materiale Verankerung so zentraler Begriffe wie Emanzipation und Mündigkeit ist hier allenfalls ansatzweise zu finden. Gleichwohl kann der Mollenhauersche Versuch der Konzeptualisierung einer handlungstheoretisch und interaktionstheoretisch aufgeklärten kritischen Erziehungswissenschaft insofern als richtungsweisend gelten, als er auf die fundamentale Bedeutung der Struktur kommunikativen Handelns und praktischer Intersubjektivität für das Verständnis von Theorie und Praxis der Erziehung verweist.

1. 5 Resümee

Als Resultat unserer Analyse verschiedener erziehungswissenschaftlicher Konzeptionen können wir festhalten, daß es weder den - von uns untersuchten - traditionellen noch den geisteswissenschaftlichen, den empirischen und den kritischen Ansätzen in der Erziehungswissenschaft gelungen ist, Erziehungswissenschaft als Handlungswissenschaft zu begründen bzw. sie zur Handlungswissenschaft zu erheben. Keine dieser Positionen hat es vermocht, Erziehungswissenschaft aus dem Handlungsakt selbst, aus den Strukturen der pädagogischen Praxis abzuleiten. Obgleich in verschiedenen Konzeptionen der Versuch gemacht wurde auf die eine oder andere Weise der pädagogischen Praxis bzw. dem pädagogischen Handeln den Primat einzuräumen, mißlangen diese Versuche, weil infolge der ungenügenden handlungs- und interaktionstheoretischen Fundierung der postulierte Primat der Praxis immer wieder in den Primat des jeweiligen Verfahrens umschlug.

Man könnte diesen sich immer wieder - auch gegen die Intentionen ihrer Urheber - herstellenden Vorrang der Verfahren generalisierend als Subsumtionslogik bezeichnen. Dabei wäre bezogen auf die Geschichte der Pädagogik bzw. der Erziehungswissenschaft - also hier auf die traditionellen, die geisteswissenschaftlichen, die empirischen und die kritischen Ansätze abzielend - von einer zweifachen Form von Subsumtionslogik zu reden; zum einen von einer bewußtseinsphilosophisch-begriffstheoretischen und zum anderen von einer szientifischen, am Vorbild der experimentell verfahrenden Naturwissenschaften orientierten Form. Während in den traditionellen, den geisteswissenschaftlichen und auch teilweise in den kritischen Ansätzen der Typus der bewußtseinsphilosophisch-begriffstheoretischen Subsumtionslogik vorherrschte, ist der Typus der szientifischen Subsumtionslogik charakteristisch für die empirischen bzw. empirisch-analytischen Ansätze in der Erziehungswissenschaft.

Auch kommen die bewußtseinsphilosophisch-begriffstheoretische und die szientifische Subsumtionslogik oftmals nicht in reiner Form vor; sie werden durchaus innerhalb der verschiedenen Konzeptionen und Paradigmen durchbrochen von tatsächlich am Primat der Praxis orientierten Konstruktionen. Dennoch gilt, daß in den traditionellen und in den modernen Ansätzen in der Erziehungswissenschaft - und das bestätigen auch die Bennerschen Analysen[27] - letztlich stets der Primat der Praxis dem Primat des jeweiligen Verfahrens weichen mußte. Erst auf dem Hintergrund der struktural-dialektischen Ausdifferenzierungen des kommunikativen Paradigmas in den Sozialwissenschaften wird die in den verschiedenen erziehungswissenschaftlichen Konzeptionen latent enthaltene subsumtionslogische Grundaporie der Verkehrung des Primats der Praxis zugunsten des Primats der Verfahren in aller Drastik sichtbar. Es gilt daher, die oftmals undurchschaute Desavouierung des Primates der Praxis durch den konsequenten Ausgang von der pädagogischen Handlung selbst zu überwinden.

2. Zur Konstitution einer Erziehungswissenschaft als Handlungswissenschaft

Es sollen hier auf der Folie des immer schon vorausgesetzten, um sprachtheoretische, psychoanalytische und entwicklungspsychologische Dimensionen wesentlich erweiterten, pragmatistisch-naturalistischen Ansatzes Georges Herbert Meads Elemente für die Konstitution einer Erziehungswissenschaft als Handlungswisenschaft sichtbar gemacht werden. Die verschiedenen Elemente sind Bausteine zu einer zu konstituierenden handlungsorientierten Erziehungswissenschaft. Wir werden zunächst die Implikationen der von uns erarbeiteten Grundlagentheorie für eine Erziehungswissenschaft als Handlungswissenschaft darstellen. Dabei werden die folgenden Aspekte behandelt:

1) Die pädagogische Handlung unter dem Aspekt einer evolutionistischen Interaktionstheorie;
2) Die Erziehungswissenschaft als Handlungs- und Textwissenschaft;
3) Zentrale Aufgaben einer Erziehungswissenschaft als Handlungswissenschaft, exemplifiziert an der Entwicklungslogik des Selbst und der pädagogischen Interaktionsforschung;
4) Der Zusammenhang von Zeitphilosophie und pädagogischer Handlung;
5) Der Zusammenhang von pädagogischer Identität und pädagogischer Handlung;
6) Das pädagogisch Besondere;
7) Die pädagogische Handlung und die Dialektik von Entscheidungs- und Begründungszwang;
8) Das Verhältnis von Moralität und pädagogischer Handlung;

9) Die individuelle Erfahrung des Besonderen und ihre Bedeutung für die Erziehungswissenschaft;

10) Grundsätzliche Bemerkungen zum strukturellen Aufbau einer Erziehungswissenschaft als Handlungswissenschaft.

2. 1 Die pädagogische Handlung unter dem Aspekt einer evolutionistischen Interaktionstheorie

Um die Spezifik pädagogischen Handelns adäquat zu begreifen, ist die Genesis humanen Handelns zu beleuchten. Anzusetzen ist zum Verständnis humanen Handelns evolutionstheoretisch; für den Evolutionsprozeß der lebenden Organismen gilt, daß sich deren Produktion und Reproduktion im Medium der Interaktion von Organismus und Umwelt vollzieht. Die objektive Struktur der Interaktion von Organismus und Umwelt ist indes zwingend gebunden an die permanente Reproduktion von Handlungsakten. Betrachtet man nun die subhumanen Handlungsakte struktural, so zeigt sich, daß diese Handlungsakte fundamental an das Medium der sozialen Kooperation gebunden sind. Konstitutives Charakteristikum dieser Handlungsakte ist daher Sozialität. Von Sozialität im Sinne gattungsspezifisch sozialer Kooperation ist also immer schon zu sprechen, ehe durch naturgeschichtliche Transformationsprozesse die Gattung Mensch und mit ihr das Problem der Erziehung des Menschengeschlechtes hervortreten. Die humane Gattung unterscheidet sich indes unter dem handlungstheoretischen Aspekt von subhumanen Gattungen dadurch, daß das Handeln nicht mehr biologisch programmmiert, sondern symbolisch strukturiert ist. Die Möglichkeit symbolvermittelter Interaktion auf der evolutiven Stufe der Gattung Mensch setzt u. a. die Durchbrechung der biologischen Programmierung des Verhaltens, die erst zu einer Inhibition des Verhaltens führt, die Ausbildung des Zentralnervensystems mit der Großhirnrinde und die Entwicklung der Hand als biologisch-physiologische Faktoren voraus. Damit ist aber noch nicht die Emergenz von Sprache, Geist und Selbstreflexivität erklärt; diese konstituieren sich vielmehr erst unter den o. g. evolutiven Voraussetzungen im Medium des sozialen Aktes, wie unsere Analyse des Meadschen Handlungsbegriffes zeigte. Präziser formuliert: Selbstreflexivität konstituiert sich in der triadischen Relation des sozialen Aktes auf der Grundlage der

Interiorisierung objektiver Sinnstrukturen. Ein nicht biologisch programmiertes selbstreflexives Verhalten setzt immer schon die Emergenz und die Interiorisierung objektiver Sinnstrukturen voraus. Geht man nun von der allgemein anerkannten Prämisse aus, daß pädagogisches Handeln nicht biologisch programmiertes Handeln ist, so gilt für dieses zwingend, daß es evolutiv erst möglich wird auf der Folie der im sozialen Akt erzeugten objektiven Sinnstrukturen. Bedingung der Möglichkeit pädagogischen Handelns ist soziales Handeln; ehe die Mitglieder der Gattung Mensch pädagogisch zu handeln vermögen, müssen sie objektive Sinnstrukturen erzeugt und interiorisiert haben, denn nur auf deren Folie ist symbolvermittelte Interaktion möglich, kann es eine bewußte oder nicht bewußte, eine intentionale oder nicht intentionale Beeinflussung des oder der Anderen geben. Ist auf den evolutiven Stufen subhumaner Gattungen von biologisch programmierter Sozialität, so ist auf der Stufe der Gattung Mensch von Sozialität im Sinne symbolvermittelter Interaktion zu reden, einer Form von Sozialität, die konstitutionslogisch pädagogischem Handeln vorausgeht, dieses erst ermöglicht. Pädagogisches Handeln erweist sich der evolutionstheoretischen Betrachtung als eingebettet in die symbolvermittelte Interaktion. Erziehungswissenschaft ist demzufolge genuin von der Handlung bzw. der Interaktion her zu verstehen; sie kann bereits in diesem grundlagentheoretischen Sinn als eine Handlungswissenschaft definiert werden. Hält man diese Prämissen für evident, so ist in einem zweiten Schritt zu klären, wie Erziehungswissenschaft denn überhaupt Handlungsexemplare bzw. symbolvermittelte Interaktionen zu ihrem Gegenstand haben kann.

2. 2 Erziehungswissenschaft als Handlungs- und Textwissenschaft

Objektive Sinnstrukturen - so unsere Konklusion aus der strukturalen Analyse der Meadschen Handlungstheorie - determinieren soziales und demzufolge auch das sich aus diesem ausdifferenzierende pädagogische Handeln. Sollen die in der unmittelbaren pädagogischen Interaktion emergierenden objektiven Sinnstrukturen einem wissenschaftlichen Erkenntnisprozeß zugeführt werden, so müssen sie in irgendeiner Form fixiert werden. In der Erziehungswissenschaft sind daher ebenso wie in den anderen Sozialwissenschaften Reflexionen darüber angebracht, wie sich die in der Unmittelbarkeit der praktischen Handlung emergierenden objektiven Sinnstrukturen aufbewahren lassen. Auf die Frage nach der Möglichkeit der Fixierung objektiver Sinnstrukturen scheinen am ehesten die sprachanalytische Philosophie und die moderne Sprechakttheorie Auskunft geben zu können. Das verweist beide, sowohl die Erziehungswissenschaft wie auch die anderen Sozialwissenschaften, auf die Sprachphilosophie und die Sprechakttheorie.

Unter Rekurs auf Ricoeur, der sich seinerseits auf F. de Saussure, Louis Hjelmslev und N. Chomsky bezieht, haben wir versucht, einen Lösungsvorschlag für das o. g. Problem zu erarbeiten.[1] Wir differenzierten zwischen der Linguistik des Diskurses und der Linguistik der Sprache als einer Kompetenz. Betrachten wir nun die praktische pädagogische Interaktion als ein Ereignis, so ist diesem das Charakteristikum des Fließens zuzuschreiben, d. h. es taucht auf und entschwindet wieder. Das Entschwindende aber ist, soll es Objekt erziehungswissenschaftlicher Erkenntnis werden, zu fixieren. Es stellt sich daher sogleich die Frage, ob denn die pädagogische Handlung in ihrer Totalität überhaupt sprachlich fixierbar ist. In unserer Analyse bezüglich des sozialen Handlungsaktes konnte unter Rekurs auf die Sprachphilosophie und die Sprechakttheorie von Searle und Austin der Nachweis erbracht werden, daß dieser sich in seiner Totalität prinzipiell sprachlich fixieren läßt. Da die pädagogische Handlung eine besondere Form des sozialen Handlungsaktes ist, gilt dieser Nachweis auch für diese. Das bedeutet, in der Terminologie der Sprechakttheorie ausgedrückt, daß der lokutionale, der illokutionale und der perlokutionale Akt schriftlich fixierbar sind. Die schriftliche Fixierung der einzelnen Akte aber gestattet die Aufbewahrung der pädagogischen Interaktion in ihrer bedeutungsstrukturierenden Gesamtheit. Nicht in der Unmittelbarkeit des pädagogischen Diskurses, sondern erst vermittelt über dessen sprachlich fixierte Form wird es der Erziehungswissenschaft möglich, approximativ die objektiven Bedeutungsstrukturen der pädagogischen Handlung zu erkennen.

Wir können nun den Begriff des materialen Akttextes in die Erziehungswissenschaft einführen und ihn entsprechend spezifizieren. Danach gelten folgende Charakteristika des materialen Akttextes:

(1) Er fixiert die objektive Bedeutungsstruktur der pädagogischen Handlung und macht diese erst dem erziehungswissenschaftlichen Erkenntnisprozeß zugänglich;

(2) Er gestattet potentiell die volle - wenngleich real auch immer nur approximativ erreichbare - Erkenntnis der Differenz zwischen objektiver Bedeutungsstruktur und subjektiv intentionaler Repräsentanz der pädagogischen Handlung;

(3) Er ermöglicht die Entfaltung nicht-ostentativer Bezüge und ist damit Bedingung der Möglichkeit eines erweiterten oder tieferen Verständnisses des gattungsgeschichtlichen Bildungsprozesses;

(4) Er richtet sich an eine unbegrenzte Anzahl von sprechfähigen und erkenntniswilligen Mitgliedern der Gattung Mensch in der Gegenwart und in der Zukunft;

(5) Er ermöglicht prinzipiell die Aufnahme der Bedeutung des Außersprachlichen pädagogischen Handelns.

Die Eigenschaft der Erziehungswissenschaft, Handlungs- und Textwissenschaft zugleich zu sein, läßt sich auf der Grundlage des von uns Erörterten und im Zusammenhang der funktionellen Bestimmung der Erziehungswissenschaft als Wissenschaft *von* der und *für* die Erziehung wie folgt verdeutlichen. Insofern Erziehungswissenschaft zugleich Handlungs- und Textwissenschaft ist, insofern sie zu ihrem Gegenstand die rekonstruktive Erkenntnis der textlich strukturierten objektiven Bedeutungsstrukturen pädagogischen Handelns hat, ist sie Wissenschaft *von* der Erziehung, ist sie theoretische Wissenschaft der erzieherischen Handlung. Insofern Erziehungswissenschaft zu ihrem Gegenstand die heuristische Anleitung zur Bewältigung aufgetretener pädagogischer Handlungsprobleme hat, ist sie Wissenschaft *für* die Erziehung, ist sie praktische, den pädagogischen Handlungsprozeß beeinflussende, Wissenschaft. Somit kommt der Erziehungswissenschaft im Gegensatz zu den theoretisch verfahrenden Sozialwissenschaften ein Doppelcharakter zu: Sie ist theoretische Handlungswissenschaft und als solche Textwissenschaft, und sie ist zugleich praktische Handlungswissenschaft. Auf den Doppelcharakter der Erziehungswissenschaft, Handlungswissenschaft *von* der und *für* die Erziehung zu sein, und auf das Zueinander der theoretischen zur praktischen Handlungswissenschaft werden wir im Kontext unserer Erörterung des Strukturzusammenhangs von Theorie, Praxis und Empirie in der pädagogischen Handlung explizit eingehen.[2]

Bisher haben wir pädagogisches Handeln evolutionstheoretisch beleuchtet und den Nachweis zu erbringen versucht, daß Erziehungswissenschaft Handlungs- und Textwissenschaft zugleich ist. Damit ist aber noch nichts über die zentralen Aufgaben ausgesagt, die die Erziehungswissenschaft lösen muß, wenn sie selbst als systematisch begründete Handlungswissenschaft angesehen werden soll.

2.3 Zur Bestimmung einiger zentraler Aufgaben einer Erziehungswissenschaft als Handlungswissenschaft am Beispiel der Entwicklungslogik des Selbst und der pädagogischen Interaktionsforschung

Im folgenden wird versucht, zentrale Aufgaben zu bestimmen, denen die Erziehungswissenschaft sich annehmen muß, wenn sie den Status einer Handlungswissenschaft erwerben und sichern will. Diese Aufgaben können am Beispiel der Entwicklungslogik des Selbst und der pädagogischen Interaktionsforschung entwickelt und verdeutlicht werden.

Ebenso wie die anderen dafür zuständigen Sozialwissenschaften hat die Erziehungswissenschaft die Frage aufzuwerfen und – soweit sie in ihren Objektbereich fällt – zu untersuchen, wie es in der humanen Ontogenese möglich wird, daß der Einzelne so aus sich herauszutreten vermag, daß er für sich selbst Objekt wird. Zu klären ist, welchen Anteil die pädagogische Interaktion an dem ontogenetischen Transformationsprozeß hat, in dem das (kindliche) Individuum zum Subjekt wird. Daß der pädagogischen Interaktion im ontogenetischen Identitätsformationsprozeß eine gewichtige Rolle zukommt, läßt sich an den von Mead beschriebenen Entwicklungsstufen des Selbst, d. i. an den Stufen von „play“ und „game“ ablesen. Die Spielperiode („play“) und die Periode des Wettkampfes („game“) sind genuine Gegenstände gerade der pädagogischen Interaktionsforschung. Im Spiel vollzieht sich offensichtlich einer der entscheidendsten Transformationsprozesse in der humanen Ontogenese, d. i. die Subjektwerdung. Es ist erstaunlich, wie wenig systematische Analysen des Spiels im Kontext der ontogenetischen Entwicklung des Individuums, und das meint hier der Herausbildung der Perspektivenübernahmefähigkeit, bisher betrieben wurden. Meads Analysen des „play“ und des „game“ sind erste die Genesis und Struktur der ontogenetischen Identitätsformation erklärende theoretische Ansätze, die es zu differenzieren und empirisch zu verifizieren gilt. In einer aktuellen Studie zu Mead weist Krappmann auf den gleichen Sachverhalt wie folgt hin: „So wie die Familie einen Teil der notwendigen sozialisatorischen Interaktion sichert, garantieren Spiele in einem an Mead orientierten Sozialisationsmodell einen wichtigen anderen Teil, der zunächst die familiale Sozialisation begleitet (‚play‘), dann das Kind in ein andersgeartetes Beziehungsnetz gleichaltriger Kinder integriert (‚game‘), in dem die Koordination von Handlungen mittels Regel und über einen ‚generalisierten Anderen‘ in der Verfolgung sozialer Objekte unabdingbar sind. Die Beobachtung, daß nicht jede Kindergartengeneration neue Spiele erfindet, sondern Spiele immer wiederkehren ... stützt die Behauptung der großen sozialisatorischen Bedeutung des Spiels. Sie wartet auf eine detaillierte Aufklärung, ohne die der Sozialisationsprozeß nicht vollständig nachzuzeichnen wäre.“[3] Daß die Spielarten von „play“ und „game“ weiterer Differenzierungen und Problematisierungen bedürfen, scheint unstrittig. „Warum“ – so Krappmann – „nach ‚game‘ nicht wieder einmal ‚play‘? Immerhin könnte es sein, daß ‚play‘ nach ‚game‘ etwas anderes ist als ‚play‘, solange ‚game‘ noch nicht als Handlungsbereich und Kompetenzstufe zur Verfügung stand. Das fordert auf, über ‚Irreversibilität‘ (Piaget) und ‚Regression‘ (Freud) erneut nachzudenken.“[4]

Die Analysen von „play“ und „game“ sind indes in unserem Kontext in einem weiteren Sinne von Bedeutung, der für uns hier primär ist; sie verweisen auf die Regelgeleitetheit sozialen und pädagogischen Handelns und damit exemplarisch auf die zentrale Begründungsproblematik einer Erziehungswissenschaft als Handlungswissenschaft. Denn die Begründung einer Erziehungswissenschaft als Handlungswissenschaft geht mit der Implikation einher, die Regeln, auf denen sie basiert und denen sie folgt, auch angeben zu können. Im Kontext unserer Analyse der Dialektik des Handlungsaktes gingen wir von der Wirksamkeit von mindestens vier Strukturierungsgesetzlichkeiten in jeder praktischen Handlung aus, d. i. von der basalen universalen Strukturierungsgesetzlichkeit, von der generativen universalen Strukturierungsgesetzlichkeit, von der historisch-spezifischen Strukturierungsgesetzlichkeit und von der subkulturellen Strukturierungsgesetzlichkeit. Die für die Erziehungswissenschaft besonders relevanten Regeltypen liegen unseres Erachtens auf der Ebene der historisch-spezifischen und der subkulturellen Strukturierungsgesetzlichkeiten, da diese dem jeweiligen historisch-spezifischen und subkulturellen Erziehungsverständnis - im Vergleich zu den Regeltypen universaler Reichweite - unmittelbar unterliegen. Diese Regeln - ohne Vernachlässigung der basalen und generativen universalen Regeltypen - zur Explikation zu bringen, ist eine zentrale Aufgabe, die zu lösen ist, soll Erziehungswissenschaft zur Handlungswissenschaft erhoben werden. Zur Untersuchung dieser Regeltypen bieten die Analysen von „play“ und „game“ eine erste Orientierung auch forschungsmethodologischer Art. Sie verweisen faktisch auf die Unabdingbarkeit der Erkenntnis der verschiedenen Regeltypen. Ist die Analyse der verschiedenen Regeltypen eine zentrale Aufgabe der Erziehungswissenschaft als Handlungswissenschaft, so ist die zeitliche Differenzierung des Ablaufs der pädagogischen Handlung eine nicht minder wichtige.

2. 4 Philosophie der Zeit und pädagogische Handlung

Die Meadsche Zeitphilosophie ist für die Sozial- und Erziehungswissenschaften schon deshalb von so großem Interesse, weil in sie zentrale Strömungen der Wissenschaften und der Philosophie des 20. Jahrhunderts, wie die Evolutionstheorie, die empirische Psychologie, die Mathematik und die mathematische Logik sowie die Relativitätstheorie Eingang gefunden haben. Dabei ist von entscheidender Bedeutung, daß Mead die zeitphilosophischen Erkenntnisse auf den Handlungsakt selbst bezieht. So lassen sich aus der Meadschen Zeitphilosophie wichtige Implikationen für die systematische Bestimmung des Zueinanders von pädagogischer Zeiterfahrung und pädagogischer Handlung ableiten.

Demzufolge ist unabdingbare Präsupposition zeitlich strukturierter pädagogischer Erfahrungen das Auftauchen eines pädagogischen Handlungsproblems, denn die reine pädagogische Kontinuität bedarf eines Bruches, damit sie als Kontinuität erfahrbar wird. Erst das pädagogische Handlungsproblem, das zu einem Bruch in der pädagogischen Kontinuität führt, ermöglicht die Erfahrung einer pädagogischen Gegenwart. Reine Kontinuität führte demgegenüber zu einem reinen Ablauf, ohne daß die pädagogisch bedeutsamen Dimensionen des Vergangenen und des Zukünftigen, selbst unabdingbare Momente zeitlich strukturierter Erfahrung, überhaupt Berücksichtigung fänden. Pädagogische Erfahrung partizipiert also an dieser Dialektik von Kontinuität und Diskontinuität und ist ohne diese gar nicht denkbar.

Die Kategorie der Diskontinuität konnte nun – so ergaben unsere Analysen – mit der Kategorie der Emergenz identisch gesetzt werden. Mit der Introduktion der Kategorie der Emergenz wird es der Erziehungswissenschaft möglich, was in der Tradition dieser Disziplin als der „Wagnischarakter“ des pädagogischen Experiments bezeichnet wurde, wissenschaftlich zu präzisieren.[5] Der Begriff der Emergenz kann demnach, pädagogisch gewendet, definiert werden als eine Reorganisation der Erziehungswirklichkeit in der pädagogischen Handlung; diese ist nicht mehr identisch mit der Erziehungswirklichkeit, die als Grundlage des Handelns galt; sie impliziert das durch das unmittelbare pädagogische Handeln selbst hervorgebrachte Neue. Emergenz meint hier die Entstehung des pädagogisch Neuen. Die Emergenz des Neuen als Bruch in der Kontinuität macht erst die Erfahrung des pädagogischen Ereignisses möglich; sie öffnet den Blick für das Vergangene und Zukünftige aus der Perspektive des Gegenwärtigen. Die in der pädagogischen Gegenwart involvierte pädagogische Vergangenheit und pädagogische Zukunft sind nur repräsentational vorhanden; sie existieren nicht real, wie die pädagogische Gegenwart existiert. Das Auftreten der vergangenen pädagogischen Ereignisse ist gebunden an die Emergenz des pädagogisch Neuen in der Gegenwart. Es gibt demzufolge keine pädagogische Vergangenheit, die an sich, d. i. unabhängig vom gegenwärtigen pädagogischen Ereignis existieren könnte. Gemäß der Logik der Meadschen Zeitphilosophie konstituiert das gegenwärtige pädagogische Ereignis eine Geschichte, die auf die Einzigartigkeit des vergangenen pädagogischen Ereignisses bezogen ist. Das Band zwischen Gegenwart und Vergangenheit wird indes durch Erinnerungsvorstellungen, historische Dokumente etc. hergestellt. Es geht nun wesentlich darum, die in der pädagogischen Gegenwart existierende und sie determinierende pädagogische Vergangenheit zu entschlüsseln. Meads für die Wissenschaften ganz allgemein formuliertes Diktum gilt auch in ganz besonderer Weise für eine handlungsorientierte Erziehungswissenschaft; es lautet: „Diese in der Gegenwart existierende Vergangenheit zu enträtseln und auf dieser Basis die Zukunft vorauszusagen, ist das Ziel der Wissenschaft.“[6]

Pädagogische Ereignisse sind – so eine weitere Folgerung aus dem pragmatistisch-naturalistischen Ansatz Meads – unwiderrufbar und widerrufbar zugleich. Die Unwiderrufbarkeit eines pädagogischen Ereignisses bezieht sich auf die Tatsächlichkeit seines Geschehens in der Vergangenheit; Widerrufbarkeit meint dagegen die mit jeder neuen gegenwärtigen Erfahrung sich verändernde Perspektive, in der das vergangene pädagogische Ereignis jeweils erscheint. Ebenso wie die Vergangenheit wird die Zukunft durch die Emergenz des Neuen in der Gegenwart konstituiert. Die Emergenz des neuen pädagogischen Handlungsexemplars macht eine Prädetermination des pädagogisch Zukünftigen unmöglich. Alles pädagogisch Zukünftige entsteht neu, wie unscheinbar und latent sich auch immer das Neue durchsetzen mag. Das neue pädagogische Handlungsexemplar unterscheidet sich stets von unseren darauf bezogenen Antizipationen. Es ist dies ein Faktum, auf das auch die Rede von der pädagogischen Differenz von Theorie und Praxis verweist. Pädagogisches Handeln ist demzufolge experimentelles, zukunftsoffenes Handeln. Im Lichte der zeitphilosophischen und handlungstheoretischen Reflexionen Meads betrachtet sind pädagogische Konzeptionen, die mechanistisch-deterministisch wie auch teleologisch ausgerichtet sind, nicht haltbar, weil sie den konstitutiven Charakter des Experimentellen und Zukunftsoffenen, der jeglichem pädagogischen Handeln inhärent ist, leugnen.

Ebenso bietet die Meadsche Zeitphilosophie ein geeignetes Instrumentarium dafür, diejenigen Theorien in der Pädagogik, die von der Vorstellung eines absolut Ersten oder eines absolut Neuen ausgehen, einer fundamentalen Kritik zu unterziehen. Pädagogisch Altes und pädagogisch Neues stehen in einem genuin dialektischen Verhältnis zueinander; wie in der pädagogischen Handlung das pädagogisch Alte mit dem pädagogisch Neuen so wird umgekehrt das pädagogisch Neue mit dem pädagogisch Alten vermittelt. Eine dialektische handlungsorientierte Pädagogik hätte weder von einem absolut Ersten im Sinne einer pädagogischen Ursprungsphilosophie noch von einem absolut Neuen, sondern von der Vermitteltheit von Altem und Neuem auszugehen.

Die hier dargestellten Dimensionen der Meadschen Zeitphilosophie sind von grundlegender Bedeutung, wenn es darum geht, die pädagogische Handlung in ihrer dialektischen Strukturiertheit zu erfassen.[7] Kommen wir nun auf den Zusammenhang von pädagogischer Identität und pädagogischer Handlung zu sprechen.

2. 5 Pädagogische Identität und pädagogische Handlung

Im folgenden geht es darum, die Konstitution pädagogischer Identität im Handlungsakt zu beleuchten. Die Bestimmung pädagogischer Identität von der Handlung her kann selbst als ein wesentlicher Beitrag zur Begründung einer handlungsorientierten Erziehungswissenschaft angesehen werden.

Sobald ein pädagogisches Handlungsproblem auftaucht, erfolgt - gemäß den Implikationen des pragmatistisch-naturalistischen Ansatzes Meads - eine Desintegration der alten Identität des pädagogisch Handelnden bezüglich des von ihm zu lösenden Problems. Der pädagogische Akt ist in dieser problematischen Situation als gleichsam aufgespalten zu denken in eine Phase der Desintegration und der Rekonstruktion. Struktural betrachtet entpuppt sich diese Phase als eine Phase der negativen Rekonstruktion, die der Objekt-Instanz des „me“ und als eine Phase der positiven Rekonstruktion, die der Spontaneitätsinstanz des „I“ entspricht. Die Instanzen des „me“ und des „I“ sind als in einem Dialog befindlich vorzustellen; dabei vertritt die Instanz des „I“ die Spontaneität und Kreativität, während die Instanz des „me“ auf den sedimentierten, insbesondere pädagogischen Wissens- und Erfahrungsbestand des Handelnden verweist. Der Dialog zwischen „I“ und „me“ wird durch die vereinheitlichende Handlung („unitary act“) der Spontaneitätsinstanz des „I“, die ein pädagogisches Handlungsexemplar mit neuen Bedeutungsstrukturen emergieren läßt, beendet. Das derart vom erzieherisch Handelnden produzierte pädagogische Handlungsexemplar beinhaltet etwas Neues, etwas bislang Unbegriffenes. Dieses Neue und Unbegriffene ist nun rekonstruktiv begreifbar zu machen, d. h. es ist in Rationalität zu überführen. Ist die Transformation des Neuen ins Alte, des Irrationalen ins Rationale, die qua hermeneutischer Rekonstruktion erfolgt, gelungen, so können wir von einer neuen pädagogischen Identität reden. Die neue

Identität zeichnet sich gegenüber der alten Identität durch ein höheres pädagogisches Rationalitätspotential aus, denn sie verfügt über neue rational begriffene erzieherische Erfahrungen. Im Kontext der Konstitution pädagogischer Identität, die zwingend an praktisches Handeln gebunden ist, ist es unseres Erachtens sinnvoll, zwischen einer Phase vor der Emergenz des neuen pädagogischen Handlungsexemplars und einer Phase nach der Emergenz des neuen pädagogischen Handlungsexemplars zu differenzieren. Während es in der präemergenten Phase um die Lösung des Problems und die Produktion des Neuen geht, geht es in der postemergenten Phase um das rationale Begreifen des pädagogisch Neuen, d. i. um einen hermeneutischen Rekonstruktionsprozeß, der, wenn er gelingt, zu einer Erweiterung des pädagogischen Erfahrungs- und Wissensbestandes führt. Die Konstitution pädagogischer Identität vollzieht sich demzufolge in der Dialektik des Handlungsaktes selbst.

Wir haben bisher die Konstitution pädagogischer Identität aus der Sicht des Erziehenden beschrieben. Für den Zu-Erziehenden gilt demgegenüber, daß er erst instandgesetzt werden muß, Handlungsprobleme zu lösen. Das geschieht nun wesentlich auf dem Weg stellvertretender Deutung. Indem der Erziehende dem Zu-Erziehenden angesichts zu lösender Handlungsprobleme Deutungen gleichsam vorgibt, ermöglicht er es, daß der Zu-Erziehende sukzessiv dazu in die Lage versetzt wird, objektive Bedeutungsstrukturen zu erkennen und Handlungsprobleme zu lösen. Insofern ist die stellvertretende Deutung Bedingung der Möglichkeit der Konstitution pädagogischer Identität.

2. 6 Das pädagogisch Besondere oder die Dimensionen des „I“ als konstitutive Bestandteile pädagogischen Handelns

Die Dimension des „I“, die wir bislang für die Erziehungswissenschaft fruchtbar zu machen versucht haben, bezog sich auf deren fundamentale Bestimmung im Handlungsakt, d. i. auf die Spontaneität und Kreativität. Es können nun weitere Dimensionen des „I“ unterschieden werden, die in engem Zusammenhang mit der Kategorie der Spontaneität und Kreativität stehen. Im Kontext des Entwurfes einer handlungsorientierten Erziehungswissenschaft dienen diese Dimensionen der Explikation des Nicht-Identischen und Besonderen im pädagogischen Akt.

Setzen wir auf der Folie der Meadschen Theorie die Instanz des „me“ mit dem sedimentierten pädagogischen Erfahrungs- und Wissensbestand identisch, so wird sogleich evident, daß das „me“ das pädagogisch Allgemeine, d. i. bestimmte Pflichten, bestimmte moralisch-pädagogische Notwendigkeiten repräsentiert. Demgegenüber steht das „I“ als Repräsentant des pädagogisch Besonderen, d. i. hier der Freiheit und der Initiative. Beide Instanzen sind für pädagogisches Handeln konstitutiv und stehen in einem dialektischen Verhältnis zueinander. Pädagogisches Handeln, das die Instanz des „I“ hypostasierte, führte zwangsläufig zur Restriktion der Seite des Rationalen, die sich in der Instanz des „me“ verkörpert findet. Umgekehrt führt die Hypostasierung des „me“ zum Ausschluß des pädagogisch Besonderen. Paradigmatisch für die Brechung dieser Dialektik durch die Hypostasierung des „me“ steht das am szientifisch-technologischen Modell orientierte Erziehungsverständnis, das eindimensional insofern verfährt, als es einzig eine lineare Anwendung des pädagogischen Erfahrungs- und Wissensbestandes gestattet, was zwangsläufig zum Ausschluß des pädagogisch Besonderen führt. Die Meadsche Theorie opponiert denn auch einem solchen eindimensionalen Erziehungsverständnis. Mead legt, indem er sich u. a. auf Schleiermachers

Diktum, demzufolge jeder Mensch auf eigene Art die Menschheit darstellen soll, beruft, besonderen Wert auf die Dialektik von Allgemeinem und Besonderem. Wie das pädagogisch Allgemeine der Momente des pädagogisch Besonderen, d. i. hier der Freiheit und Initiative bedarf, so bedarf umgekehrt das pädagogisch Besondere des pädagogisch Allgemeinen als seines material-rationalen Substrates. Die Elimination des Allgemeinen oder des Besonderen führt notwendigerweise zur Stillstellung der Dialektik im pädagogischen Akt. Pädagogisches Handeln lebt wesentlich von dem Spannungsverhältnis von pädagogisch Allgemeinem und pädagogisch Besonderem.

Eine weitere Dimension des „I“ ist die der Selbstbehauptung bzw. -bestimmung („self assertion“). Gemeint ist damit bezüglich des pädagogischen Handelns das Moment der Selbstbestimmung, das die Reglementierungen, die durch das pädagogisch Allgemeine gesetzt sind, dialektisch durchstößt. Zu begreifen ist die Dimension des „I“ als die der Selbstbehauptung oder Selbstbestimmung wiederum nur in Wechselwirkung zur gegebenen pädagogischen Rationalität. Ohne diese gäbe es schlechterdings keine Selbstbestimmung. Selbstbestimmung bzw. Selbstbehauptung ist nicht zu denken als einfache Negation der pädagogischen Rationalität, der pädagogischen Konventionen und Reglementierungen; sie meint vielmehr deren dialektische Durchdringung. Nur diese garantiert Selbstbestimmung; die bloße Negation der gegebenen pädagogischen Rationalität und der gegebenen pädagogischen Konventionen bliebe noch abhängig von dem, was bloß umgekehrt wird.

Eine andere Dimension des „I“, die im Zusammenhang pädagogischen Handelns von Relevanz ist, ist die der Kreativität und Phantasie. Explikationen dieser Dimension hätten auf der Folie der Dialektik der pädagogischen Handlung anzusetzen. Wir werden auf diese Dimension hier nicht weiter eingehen, weil für sie unter systematischem Gesichtspunkt Ähnliches gilt wie für die Dimension der Spontaneität, und weil Mead sie eher im Kontext künstlerischen Schaffens behandelt.

2. 7 Die pädagogische Handlung und die Dialektik von Entscheidungs- und Begründungszwang

Wir haben, das pragmatistisch-naturalistische Modell Meads ergänzend, versucht, das Verhältnis von Entscheidungs- und Begründungszwang aus der Dialektik von „I“ und „me“ im Handlungsakt abzuleiten. Auf der Folie dieses Ableitungsversuchs sind nun die Implikationen für die pädagogische Handlung herauszuarbeiten.

Nach Maßgabe unserer Interpetation der Meadschen Theorie ist die Entscheidung bezüglich der Lösung eines Handlungsproblems an die Spontaneitätsinstanz des „I“ gebunden; diese läßt ein neues Objekt, d. i. in unserem Fall ein pädagogisches Handlungsexemplar mit neuen Bedeutungsstrukturen emergieren, die erst rekonstruktiv begriffen und erst rekonstruktiv einer vollgültigen rationalen Begründung zugeführt werden können. Ebenso wie für lebenspraktisches Handeln im allgemeinen gilt für pädagogisches Handeln im besonderen, daß der pädagogisch Handelnde in der aktuellen Situation des Handelns keine zureichende Begründung bezüglich der Angemessenheit seines Handelns geben kann. Diese Tatsache bringen noch die traditionell pädagogischen Begriffe des Wagnischarakters und des Experimentellen allen pädagogischen Handelns zum Ausdruck. Ja, Pädagogik wird aufgrund dieses Sachverhalts geradezu als eine experimentelle Wissenschaft definiert. „In dieser Funktion“ - so Benner - „muß die Pädagogik unweigerlich den Charakter einer experimentellen Wissenschaft, einer auf experimentelle Praxis bezogenen Handlungswissenschaft, annehmen.“[8]

Betrachten wir näher, was mit dem Experimentellen pädagogischen Handelns unter dem Aspekt der Dialektik von Entscheidungs- und Begründungszwang gemeint ist. Es sind - so das Ergebnis unserer Untersuchungen - wesentlich zwei Motive namhaft zu machen, die eine zureichende Begründung pädagogischen Handelns in der aktuellen Situation ausschließen und die pädagogisches Handeln als wagnishaftes, experimentelles und zukunftsoffenes Handeln zugleich kennzeichnen. Das erste Motiv ist in der dialektischen Einheit des Handlungsaktes selbst verankert; insofern nämlich die alten pädagogischen Erfahrungs- und Wissensbestände nicht mehr zur Lösung des aufgetretenen Problems ausreichen, ist eine Reorganisation dieser Erfahrungs- und Wissensbestände vorzunehmen, die der Spontaneitätsinstanz des „I" zufällt. Aufgabe dieser Instanz ist es ferner, eine Entscheidung aufgrund der vorhandenen Kombinationsmöglichkeiten bzw. Handlungsalternativen herbeizuführen. Ob diese Entscheidung im Lichte der allgemein geltenden pädagogischen Rationalitätsstandards eine richtige war, läßt sich erst nachträglich erkennen. Erst nachdem die Entscheidung gefallen ist, kann sie reflexiv eingeholt und in ihrer Vernünftigkeit beurteilt werden. „Was in der Gegenwart einer im Lichte des bestehenden Wissens und geltender Normen nicht zu begründenden Entscheidung sich zunächst mit Bezug auf diese historisch spezifische, rationale Begründungsbasis als irrational ausnimmt, erweist sich potentiell in der Zukunft als entfaltete materiale Rationalität; dann nämlich, wenn in rekonstruktiver Einstellung die Entscheidung als unter den gegebenen Situationsbedingungen von den eingetretenen Folgen her nachträglich zu begründende sich erweist."[9] Pädagogisches Handeln stößt gerade dann, wenn es sich den Charakter des Wagnishaften und Experimentellen, der ihm immanent ist, nicht ausreden läßt, zu neuen pädagogischen Erfahrungen, zu neuer materialer pädagogischer Rationalität vor. Das zweite Motiv für die Notwendigkeit der Differenzierung von Entscheidungs- und Begründungszwang im pädagogischen Akt ist ein pragmatisch-zeitliches. Pädagogisches Handeln untersteht in der Regel einem Handlungsdruck, so daß die Begründungen schon aus zeitlichen Gründen nicht ausreichend sein können. Beide Motive machen unseres Erachtens evident, warum der pädagogisch Handelnde in der Unmittelbarkeit seines Handelns in der Regel keine angemessene Begründung bezüglich der Vernünfigkeit seines Handelns liefern kann. Damit ist aber der Begründungszwang für den Handelnden keinesfalls aufgehoben. Der erzieherisch oder pädagogisch Handelnde muß im nachhinein seine Handlung auf der Folie der allgemein geltenden sozialen und pädagogischen Regeln und Normen begründen können. Führen die durch die Spontaneitätsinstanz des „I“ motivierten pädagogischen Entscheidungen zu neuen pädagogischen Handlungsentwürfen, die rekonstruktiv erfolgreich begründet werden können, so ist von einer Erfahrungserweiterung der pädagogischen Erfahrungs- und Wissensbestände zu reden.

Die systematische Explikation der Dialektik von Begründungs- und Entscheidungszwang im pädagogischen Akt bringt für die Erziehungswissenschaft, abgesehen von ihrer kaum zu bestreitenden grundlagentheoretischen Bedeutung, zwei weitere wesentliche Vorteile mit sich. Zum einen führt sie zur Präzisierung dessen, was traditionell mit Wagnis- und Experimentiercharakter pädagogischen Handelns eher alltagssprachlich umschrieben wurde, zum anderen kann sie konkret zeigen, wie sich Erfahrungserweiterung und Erkenntnisfortschritt im und durch pädagogisches Handeln vollzieht. Sie legt gleichsam die Quelle neuer pädagogischer Erfahrungen frei.

2. 8 Moralität und pädagogische Handlung

Ein wichtiger Aspekt bei der Konzeptualisierung der Erziehungswissenschaft als Handlungswissenschaft ist die Klärung des Verhältnisses von Moralität und pädagogischer Handlung. Uns geht es daher zunächst darum, den pädagogischen grundlagentheoretischen Zusammenhang von Moralität, Handlung und Ich-Identität zur Explikation zu bringen.

Solange pädagogisches Handeln habituell abläuft, ist aus pragmatistischer Sicht ein moralisches pädagogisches Problem nicht gegeben, obgleich es im habituellen Handeln impliziert sein kann. Erst wenn es zu konfligierenden Handlungsbestrebungen im gewohnheitsmäßig ablaufenden pädagogischen Handeln kommt, ist im Sinne des Meadschen pragmatistisch-naturalistischen Ansatzes von einer moralischen pädagogischen Problemsituation zu sprechen. Diese ist nun nur in der Konkretion der Handlungssituation selbst und nicht durch Rekurs auf abstrakt vorgegebene oberste Wertprinzipien, aus denen dann Normen deduziert werden, zu lösen. Die pädagogische moralische Problemsituation erfordert einen Rekonstruktionsprozeß, in dem alle Interessen, sowohl die des Erziehers als auch die des Zu-Erziehenden Berücksichtigung finden. Es geht in diesem Prozeß um die Herstellung einer neuen pädagogischen Identität; dies gelingt in dem Maße, in dem alle im Spiel befindlichen Interessen in einem durch die Spontaneitätsinstanz des „I" angeleiteten kreativen Rekonstruktionsprozeß erfolgreich integriert werden können. Erfolgreiche Integration meint hier die Aufhebung des Konfliktpotentials zwischen alter und neuer Identität.

Prozedural wird in diesem Rekonstruktionsprozeß nach den Regeln der wissenschaftlich-analytischen Methode verfahren. Die analytische Methode kommt dabei nicht im Sinne einer bloßen Subsumtionslogik zur Applikation; sie ist vielmehr als Teil der dialektischen Einheit des Handlungsaktes zu denken. Anders formuliert, die wissenschaftlich-analytische Methode regelt das prozedurale Vorgehen, ist aber erst auf der Folie der Dialektik von „I“ und „me“ im Handlungsakt zur Lösung moralischer Problemsituationen einsetzbar. Nach Maßgabe der Regeln der analytischen Methode sind folgende Schritte bei der Lösung einer moralischen Problemsituation einzuhalten: Zunächst erfolgt die Darstellung des Problems, dann die Bildung der Lösungshypothese, das geistige Austesten der Hypothese und schließlich das experimentelle Testen der Hypothese an der Realität.

Aus der Meadschen Konzeption der Moralität lassen sich für die Pädagogik mindestens drei Folgerungen ableiten:

(1) Pädagogische Moralität ist im pädagogischen Akt selbst zu verorten und ist nicht losgelöst vom jeweiligen pädagogischen Akt zu betrachten;

(2) Pädagogische moralische Problemsituationen sind prozedural unter Rekurs auf die wissenschaftlich-analytische Methode zu lösen, wobei der Primat der Dialektik des Handlungsaktes immer mitzudenken ist;

(3) Jeglicher normativer Pädagogik, die mit deduktiv aus obersten Wertprinzipien abgeleiteten Handlungsanweisungen operiert, ist eine strikte Absage zu erteilen. Die Anwendung abstrakt vorgegebener Erziehungsnormen und -werte auf die pädagogisch-moralische Problemsituation wird der Konkretion der Handlungssituation und der ihr immanenten Momente des Experimentellen und Zukunftsoffenen nicht gerecht. Normative Pädagogik bleibt hoffnungslos abstrakt, weil sie die in jedem pädagogischen Akt sich reproduzierende Realdialektik von Altem und Neuem unterläuft.

G. A. Cook hat in einer aktuellen Arbeit zu Mead dessen Ablehnung gegenüber einem abstrakten Moralkodex und abstrakten Universalien zu verdeutlichen versucht; da die Cooksche Interpretation der Meadschen Moraltheorie auch Relevanz hat für die Kritik an einer abstrakt normativ deduktiv verfahrenden Pädagogik, sei sie hier zitiert. „Mead weist nun" – so Cook – „voller Emphase den ersten dieser beiden Wege [gemeint ist die Orientierung an einem abstrakt formulierten Moralkodex bzw. an feststehenden Universalien, H. J. W.] zur Lösung moralischer Probleme zurück. Seine Kritik ist hier aber nicht von der üblichen erkenntnistheoretischen Art. Das heißt, es interessiert ihn nicht das Argument, daß wir nicht wissen können, welcher äußere Maßstab (oder welche Menge von Maßstäben) richtig ist. Seine Kritik der metaphysischen Ethik ist vielmehr von radikalerem Charakter. Er argumentiert, daß jeder Appell an eine moralische Ordnung, welche (‚ob metaphysisch oder zeitlich') die konkrete moralische Situation transzendiert, für das moralische Leben schädlich ist. Wiederum ist dies nicht einfach in dem Sinn schädlich, daß die Moral damit dem auflösenden Einfluß eines erkenntnistheoretischen Skeptizismus ausgeliefert wird: es ist schädlich, weil es an sich eine armselige Methode zur Lösung einer moralischen Auseinandersetzung ist. Mead stützt diese Kritik mit dem Hinweis, daß die moralische Ordnung, der wir im metaphysischen Ansatz entsprechen müssen, niemals in der Notsituation selbst aufgebaut werden kann ... Diese abstrakten äußeren Wertungen, mit denen dieser Ansatz moralische Konflikte löst, sind vielmehr immer Niederschlag früheren Verhaltens. Und genau aus diesem Grund sind sie ‚fast durchweg unangemessen', um als letzte Grundlage für das Urteil im Angesicht konkreten moralischen Ringens zu dienen ... Denn die Interessen der Ich-Identität und die in der sozialen Umwelt vorhandenen Werte, mit denen eine solche Identität interagiert, entwickeln und wandeln sich kontinuierlich."[10]

Die normative Pädagogik, so können wir resümierend festhalten, dichotomisiert Moral und pädagogische Handlung; es käme aber gerade darauf an, um der subsumtionslogischen Lösung moralischer Probleme zu entgehen, die pädagogische Moral im pädagogischen Akt selbst zu verankern.

Bezüglich der allgemein theoretischen Orientierung lassen sich aus der Meadschen Ethikkonzeption für die Pädagogik die folgenden Postulate ableiten:

(1) Die bloße Anknüpfung an die Kantische Moralphilosophie wäre - soweit sie in pädagogischen Ansätzen noch vertreten wird - nach der Meadschen Kant-Kritik aufzugeben. Ethik - und das weist Mead auf dem Hintergrund seiner Handlungstheorie in seiner Kant-Kritik stringent nach - gründet nicht in der Partikularität der je Einzelnen; vielmehr ist die von Kant proklamierte Universalität und Allgemeinheit ethischer Urteile Produkt der Sozialität. Zur Überwindung der dem Paradigma der Bewußtseinsphilosophie verhaftet bleibenden Kantischen Moralphilosophie ist vom Objekt selbst, d. i. von der pädagogischen Handlung auszugehen;

(2) Die Pädagogik hätte sich verstärkt der genuin ethischen Frage nach der Möglichkeit der Konstitution einer universalen Kommunikationsgemeinschaft („universe of discourse“) zuzuwenden. Zu klären wäre in diesem Zusammenhang, worin denn der spezifische pädagogische Beitrag bestehen könnte, wenn im Sinne einer konkreten Utopie eine universale Kommunikationsgemeinschaft als kontrafaktisches Ideal entworfen wird.

2.9 Die individuelle Erfahrung des Besonderen und ihre Bedeutung für eine handlungsorientierte Erziehungswissenschaft

Die individuelle Erfahrung ist nach Mead das Fundament jeglicher Wissenschaft; ohne die individuelle Erfahrung wäre eine Erkenntnis und Bearbeitung von Problemen schlechterdings nicht möglich. Pädagogische Probleme, unabdingbare Voraussetzung der Konstitution einer Wissenschaft von der und für die Erziehung, können sich, folgen wir dem Meadschen Diktum, nur einem Individuum in der konkreten pädagogischen Situation stellen. Erst vermittelt über diese werden sie wissenschaftlich formulierbar und somit Gegenstand der Erziehungswissenschaft. Pädagogische Probleme können keinen anderen Ort haben als den des Individuums, denn der Gegensatz zwischen pädagogisch Allgemeinem und pädagogisch Besonderem, der erst zu einem pädagogischen Handlungsproblem führt, ist gemäß der Dialektik von Allgemeinem und Besonderem nur individuell erfahrbar. Allein das Individuum bewahrt die Erfahrungen auf, die in der Welt des pädagogisch Allgemeinen keinen Platz haben. Es ist gleichsam Statthalter des pädagogisch Besonderen oder des pädagogisch Nicht-Identischen. Sowohl die Feststellung eines pädagogischen Problems als auch dessen Lösung ist eine Leistung, die nur durch das Individuum erfolgen kann. Die individuelle Erfahrung ist, insofern sie im Gegensatz zum Allgemeinen steht und insofern sie nicht in der immer schon geltenden pädagogischen Rationalität aufgeht, eine Erfahrung des Besonderen. Sie setzt ihrerseits aber gerade als Bedingung ihrer Möglichkeit das pädagogisch Allgemeine voraus; erst der individuellen Erfahrung offenbart sich das Neue im Alten. Geht man von diesen Prämissen aus, so kann es die Erfahrung eines pädagogisch Spezifischen oder eines pädagogisch Besonderen nur in Relation zum pädagogisch Allgemeinen geben. Das pädagogisch Allgemeine aber ist nichts anderes als ein Teil des sozial Allgemeinen; insofern kann es auch nicht die Erfahrung eines pädagogisch Besonderen jenseits der Sozialität geben. Die Rede von einem pädagogisch Besonderen hat immer nur Sinn im Bezugsrahmen der gattungsspezifischen Sozialität. Das pädagogisch Besondere führt keine Existenz oberhalb der Dialektik von Allgemeinem und Besonderem, sondern ist vielmehr immanenter Teil dieser und nur als solcher zu verstehen.

Indes steht eine empirische Untersuchung der Bedeutung der individuellen Erfahrung für die Erkenntniserweiterung in der Geschichte der Pädagogik noch aus. Zu überprüfen wäre, ob für die Geschichte der Pädagogik zutrifft, was Kuhn wie folgt für die Geschichte der Naturwissenschaften formuliert: „Jede neue Auslegung der Natur [in unserem Fall der Erziehung; H. J. W.], sei es eine Entdeckung oder eine Theorie, taucht zuerst im Geiste eines oder einiger weniger Individuen auf. Sie sind die ersten, die die Wissenschaft oder die Welt anders sehen lernen, und ihre Fähigkeit, den Übergang zu finden, wird durch zwei Umstände begünstigt, die für die meisten anderen Mitglieder ihres Fachgebiets nicht beide zutreffen. Stets war ihre Aufmerksamkeit stark auf die krisenauslösenden Probleme konzentriert, und außerdem handelt es sich gewöhnlich um Männer, die so jung oder auf dem von der Krise befallenen Gebiet so neu sind, daß ihre Arbeit sie weniger tief als die meisten ihrer Zeitgenossen an die durch das alte Paradigma bestimmten Weltauffassungen und Regeln gebunden hat.“[11] Empirisch zu untersuchen wären unter dieser Fragestellung sowohl die innerparadigmatischen Auseinandersetzungen wie auch die Paradigmenwechsel in der Geschichte der Pädagogik bzw. der Erziehungswissenschaft. Gedacht ist dabei im wesentlichen an die traditionelle Pädagogik, an die geisteswissenschaftliche Pädagogik, an die empirische Erziehungswissenschaft und an die kritische Erziehungswissenschaft. Gehen wir zum Abschluß unserer Darstellung einzelner Bausteine einer handlungsorientierten Erziehungswissenschaft auf deren strukturellen Aufbau ein.

2. 10 Einige grundsätzliche Bemerkungen zum strukturellen Aufbau einer Erziehungswissenschaft als Handlungswissenschaft

Die Konzeptualisierung einer handlungsorientierten Erziehungswissenschaft - wie sie hier in Ansätzen vorgelegt wurde und im Kapitel 4 in ihrem Strukturzusammenhang dargestellt wird - nimmt ihren Ausgang von der pädagogischen Handlung selbst. Das grundlagentheoretische Fundament ist gleichsam vom Primat der Handlung her zu entwerfen. Wir haben dies hier unter Rekurs auf den pragmatistisch-naturalistischen Ansatz Meads zumindest partiell zu leisten versucht. Dabei hat sich jedoch gezeigt, daß der handlungstheoretische Ansatz Meads von verschiedenen Seiten her zu ergänzen ist. Das Entscheidende beim Aufbau des grundlagentheoretischen Fundamentes bzw. bei der Integration weiterer Theoriestränge ist nun der Ausgang vom und das Festhalten am Primat der Handlung, präziser an der objektiven Strukturiertheit des Handlungsaktes selbst. An zwei das Meadsche Paradigma erweiternden Ansätzen soll das Gemeinte exemplarisch verdeutlicht werden, und zwar am Beispiel der Freudschen Psychoanalyse und an dem der kritischen Theorie. Beide Ansätze sind deshalb gewählt worden, weil Mead den gesamten Bereich der Pathologie individueller und gesamtgesellschaftlicher Entwicklungsprozesse nicht systematisch behandelt hat. Dabei ist jedoch immer schon mitzudenken, daß die Meadsche Theorie als kontrafaktisch geltender idealisierter Normalitätsentwurf Bedingung der Möglichkeit der Diagnose des Individual- und Sozialpathologischen ist.

Das Paradigma der Freudschen Psychoanalyse, das sich wesentlich auf das Pathologische von Individuierungsprozessen richtet, darf nun nicht, soll es Eingang in die Erziehungswissenschaft finden, in Form einer abstrakten Begrifflichkeit rezipiert und der Theorie der Handlung einfach beiseitegestellt werden. Erst die strukturanalytische Durchdringung der Freudschen Psychoanalyse erlaubt ihre handlungstheoretische Auslotung.

Anders formuliert, das Paradigma der Freudschen Psychoanalyse läßt sich erst sinnvoll in die Erziehungswissenschaft integrieren, wenn sich die Rezeption auf die handlungstheoretischen Grundlagen der Psychoanalyse richtet. Analoges gilt für die Integration des Paradigmas der kritischen Theorie in eine handlungsorientierte Erziehungswissenschaft. Die kritische Theorie kann nicht in Form einer abstrakt-theoretischen Begrifflichkeit vorrangig als Grundlage einer Erziehungswissenschaft als Handlungswissenschaft dienen. Für den Aufbau einer Erziehungswissenschaft als Handlungswissenschaft ist kritische Theorie allererst als eine dialektische Strukturlogik von Bedeutung, d. h. sie stellt wesentliche forschungslogische Mechanismen zur Entschlüsselung der Dialektik des pädagogischen Aktes bereit. So zeigt sie etwa, daß die Aufschlüsselung objektiver Strukturierungsgesetzlichkeiten an der konkreten Sache selbst zu erfolgen hat und daß erst mit deren extensiver Dechiffrierung sich die Dimension des Kritischen eröffnen läßt. Der Versuch, Erziehungswissenschaft auf der Basis eines bloß übernommenen vorgefertigten Arsenals kritischer theoretischer Begrifflichkeiten aufzubauen, führte zwangsläufig zu einer Destruktion des Primates der Handlung und zu einer subsumtionslogischen unkritischen Form von Kritik.

An den beiden Paradigmen, d. i. der Freudschen Psychoanalyse und der kritischen Theorie, sollte stellvertretend für andere Ansätze gezeigt werden, daß der strukturelle Aufbau einer Erziehungswissenschaft als Handlungswissenschaft im strikten Sinne im Primat der Handlung stehen muß. Dies gilt demzufolge auch für alle anderen Theoriestränge, die für den Aufbau einer handlungsorientierten Erziehungswissenschaft unseres Erachtens von Bedeutung sind; verwiesen sei u. a. auf die Piagetsche Entwicklungspsychologie, den Peirceschen Pragmatismus, die Chomskysche Grammatiktheorie, die Sprechakttheorie von Searle und Austin, den französischen Strukturalismus, das Methodenarsenal der geisteswissenschaftlichen Pädagogik und die Verfahren der empirischen Erziehungswissenschaft.

In diesem Kontext stimmen wir mit dem folgenden Postulat Benners uneingeschränkt überein: „Soll der Primat der Praxis auch in der Forschung Gültigkeit erlangen, so darf diese weder vorrangig auf kausalanalytische und historisch-hermeneutische noch auf gemischte Verfahren gegründet werden, sondern muß eine Forschungsmethode entwickeln, die an einem praktischen Erfahrungsbegriff ausgerichtet ist."[12] Was mit der Ausrichtung an einem praktischen Erfahrungs- bzw. Handlungsbegriff strukturell gemeint ist, ist indes näher im Kontext des Strukturzusammenhangs von Theorie, Praxis und Empirie zu betrachten. Die Darstellung dieses Zusammenhangs gibt gleichsam einen ersten Gesamtüberblick über das Fundament einer handlungsorientierten Erziehungswissenschaft.

3. Der Strukturzusammenhang von Theorie, Praxis und Empirie in der pädagogischen Handlung - E. Wenigers geisteswissenschaftlicher und D. Benners praxeologisch-erfahrungswissenschaftlicher Ansatz

3. 1 Einleitung

Gleichsam zur Einführung in die o. g. Problematik knüpfen wir an E. Wenigers strukturalen Versuch der Differenzierung des Theorie-Praxis-Verhältnisses in der geisteswissenschaftlichen Pädagogik an. Im Anschluß daran werden wir uns dem Bennerschen praxeologisch-erfahrungswissenschaftlichen Ansatz in der Erziehungswissenschaft zuwenden. Durch den Ausgang von und durch die Auseinandersetzung mit diesen beiden Modellen soll unser Ansatz nach und nach verdeutlicht und schließlich in Kapitel 4 systematisch zur Explikation werden.

3.2 Zur Konzeption des Theorie-Praxis-Verhältnisses in der geisteswissenschaftlichen Pädagogik E. Wenigers

Weniger geht bei seiner Analyse des Theorie-Praxis-Verhältnisses von der Grundtatsache aus, daß es kein antithetisches Verhältnis von Theorie und Praxis gibt: Theorie ist immer schon mit Praxis vermittelt wie umgekehrt Praxis in sich immer schon Theorie enthält.

Die Analyse des Autors richtet sich zunächst auf den Begriff der Praxis. Dabei räumt Weniger mit einem grundlegenden Mißverständnis auf, das sich bis heute - wie latent auch immer - in den Sozialwissenschaften reproduziert und das in der Auffassung besteht, Theorie (pädagogische Wissenschaft) könne für die Praxis entscheiden. Realisiert wird etwas nicht Selbstverständliches und ein Konstitutives einer jeglichen strukturalen Interpretation der pädagogischen Handlung: Entscheidung ist Sache der Praxis, nicht der Theorie des Theoretikers, d. i. der pädagogischen Wissenschaft. Gegen die Bevormundung der Praxis durch die Theorie argumentiert Weniger wie folgt: „Nun ist hier zunächst zu sagen, daß es ein grundsätzliches Mißverständnis der Funktion der Theorie durch den Praktiker ist, wenn er glaubt, die Theorie könne und wolle ihm die Entscheidung in dem konkreten Fall vorschreiben oder abnehmen. Das müßte schon eine rationalistische Theorie sein, die das zu unternehmen wagte, so daß dann etwa das einzelne pädagogische Handeln lediglich die getreue Anwendung der Theorie wäre, eine Variation eines prinzipiell bereits Geschehenen. Die Entscheidung bleibt vielmehr eine unvorhersehbare, ganz persönliche Leistung, zu der die Theorie nur das Material bereitstellt.“[1]

Für die Praxis, d. i. hier die Theorie des Praktikers, gilt nun das gleiche wie für die Theorie des Theoretikers; auch ihren theoretischen Einstellungen gegenüber ist die Entscheidung emergent, nicht vorhersehbar; sie ist daher auch von der Theorie des Praktikers zu unterscheiden: „Übrigens aber steht die ‚Praxis' zu dieser individuellen Situation der Entscheidung und des Vollzugs des pädagogischen Aktes genau wie die Theorie. Auch ihrem Bestand an Erfahrungen gegenüber ist die neue Situation relativ unvorhersehbar oder, anders ausgedrückt, die pädagogische Erfahrung ist dem Neuen gegenüber ‚Theorie', wie wir sie noch zu beschreiben haben werden."[2] Weniger arbeitet hier in eindrucksvoller Präzision die strukturalen Eigenschaften der Kategorie der Entscheidung heraus: Zum einen bestimmt er sie als eine Sache der Praxis und grenzt sie sowohl von der Theorie des Theoretikers wie von der Theorie des Praktikers ab, und zum anderen verweist er auf ihren besonderen, weil emergenten und unvorhersehbaren Charakter.

Der Autor versucht nun zunächst die Ebene der Theorie des Praktikers differenziert zu betrachten. Dazu ist wichtig zu wissen, daß die Praxis des Praktikers zweifach theoretisch vermittelt ist; gleichsam vor und nach dem Vollzug der pädagogischen Handlung haben wir es mit Theorie zu tun. „Von vorwärts und von rückwärts also ist der pädagogische Akt von Theorie umklammert und gestützt. Praxis enthält Theorie als Bedingung ihres Tuns und wird vollendet zur ‚Erfahrung' durch Theorie als Folge des Tuns."[3] Die in der Praxis enthaltene Theorie erfährt nun eine weitere Ausdifferenzierung, indem zwischen einer „Theorie ersten Grades" und einer „Theorie zweiten Grades" unterschieden wird.[4] Die Theorie ersten Grades ist Produkt des Sozialisationsprozesses und meint die sedimentierten theoretischen Einstellungen. Sie kann als eine nicht-explizite, die Praxis latent strukturierende Theorie angesehen werden.[5] „Theorie ersten Grades ist, in der Nähe des ursprünglichen griechischen Wortsinns, die unausdrückliche Anschauung, in der die Wirklichkeit gegenständlich wird, die Voreinstellung, die unausgesprochene Fragestellung, die an die Wirklichkeit und die Aufgabe herangebracht wird, das Gerichtetsein auf Gegenstand und Aufgabe, die schon die erste Ordnung in ihnen vollzieht. Es ist die eingehüllte Rationalität, die in der geistigen Haltung des Menschen liegt, die anrufende und gestaltende Kraft, die in der inneren Form des Menschen immer schon enthalten ist. Das letzte, was der

Analyse da begegnet, ist das weltanschauliche Apriori, das ein ethisches Apriori in sich schließt, immer schon unausdrücklich ..."[6]

Von dieser apriorischen unexplizit bleibenden latenten Struktur der Theorie unterscheidet Weniger eine „Theorie zweiten Grades" innerhalb der Theorie der Praxis. Es ist dies ein theoretisches Wissen, das, meist lebenspraktisch erworben, zwar nicht immer explizit ist, das aber sprachlich zur Explikation gebracht werden kann und sich dann als mit einem gewissen Rationalitätspotential ausgestattet erweist. „Theorie zweiten Grades ist alles, was auf irgendeine Art formuliert im Besitz des Praktikers vorgefunden und von ihm benutzt wird, in Lehrsätzen, in Erfahrungssätzen, in Lebensregeln, in Schlagworten und Sprichwörtern und was es so gibt. Dabei ist die Theorie zweiten Grades freilich nicht immer bewußt im Sinne der ausdrücklichen Verfügbarkeit in sprachlicher Prägnanz, sie ist also nicht immer gegenwärtig, obwohl sie gewußt wird. Es bedarf oft der Besinnung und des ausdrücklichen Bemühens, um sie hinter einem Tun wirkend nachzuweisen. Aber immer läßt sie sich dann in die Form eines Satzes prägen, mit dem Anspruch auf logische Gültigkeit und Verstehbarkeit bei Verwendung als Beweismittel."[7]

Betrachten wir das Zueinander der Theorie ersten Grades und der Theorie zweiten Grades als Theorien des Praktikers. Praktisches Handeln ist immer schon geleitet von apriorischen Strukturen, von unausdrücklichen theoretischen Voreinstellungen, eben den Theorien ersten Grades. Ist nun ein neuer Handlungsakt vollzogen worden, so kann der Praktiker gleichsam rekonstruktiv das emergierte Handlungsexemplar betrachten; Resultat dieses Reflexionsprozesses ist eine potentiell bewußtere Stufe theoretischer Rationalität, eben die Theorie zweiten Grades. Von einer echten Theorie der Praxis verlangt Weniger nun, daß sie die Diskrepanz zwischen der Theorie ersten Grades und der Theorie zweiten Grades beseitigt. „Man wird einer echten Theorie des Praktikers abverlangen dürfen, daß in ihr, was wir Theorie ersten und zweiten Grades nannten, richtig zueinander steht. Daß also die ausdrücklichen, sprachlich gestalteten ‚Erfahrungssätze', über die der Praktiker verfügt, nicht sich in Widerspruch befinden zu den ursprünglichen Theorien, die er, wenn man so sagen darf, an sich besitzt."[8] Offensichtlich aber ist die echte Theorie des Praktikers nicht ausreichend, um ein adäquates Zueinander der beiden Theorieformen zu gewährleisten. Denn, so die Argumentation Wenigers: „Um den Sinn der Praxis zu sichern, das ergibt sich aus den bisherigen Überlegungen, sind zahlreiche Vorentscheidungen nötig. Es darf durchgängig - wenn es sich wie billig um den Durchschnitt des erzieherischen Tuns handeln soll - nicht der Vollzug des pädagogischen Aktes abgewartet werden, um konkret zu entscheiden, weil dann die echte Praxis aus der vollen Beherrschung der Lage nicht mehr zu garantieren ist, zumal dann auch in der talentierten Improvisation verborgene Vorentscheidungen mitwirken. Schon das pure Verstehen der pädagogischen Aufgabe als einer erzieherischen ist abhängig von bestimmten Voreinstellungen, und ebenso ist die nachträgliche Besinnung auf das pädagogische Tun bedingt durch Theorie.

So verlangt ‚das Stück Lebenspraxis', das in der Erziehungswirklichkeit vorliegt, nach einer Theorie. Hier ist gegeben die Notwendigkeit einer Theorie, wenn ich so sagen darf, dritten Grades - wobei aber die Zahlen nur die Entfernung von dem unmittelbar Gegebenen und nicht etwa eine Rangordnung anzeigen - die dieses Verhältnis von Theorie und Praxis in der Praxis aufklärt, das nicht in ihm selbst verständlich ist."[9]

Echte Praxis ist angewiesen auf eine Theorie dritten Grades, deren Funktion u. a. darin besteht, das Zueinander von Theorie und Praxis in der Praxis zu analysieren. Die Theorie dritten Grades meint die Theorie des Theoretikers, die pädagogische Wissenschaft. Weniger lokalisiert nun - und dies ist unter strukturalem Aspekt von nicht zu unterschätzender Bedeutung - die pädagogische Wissenschaft in der rekonstruktiven Phase des pädagogischen Aktes. Pädagogische Wissenschaft geht nach Weniger nicht der Praxis voraus und bezieht sich auch nicht subsumtionslogisch auf die Praxis; sie folgt dieser vielmehr nach. Unter Rekurs auf Schleiermacher formuliert der Autor diesen Sachverhalt wie folgt: „Aber die Theorie beherrscht an und für sich nicht die Praxis, die Theorie (der pädagogischen Wissenschaft) ist immer später. Die Theorie muß sich erst Raum verschaffen, wenn die Praxis schon begründet ist."[10] Die Theorie dritten Grades ist nun nicht nur als rein theoretische Wissenschaft konzipiert, sondern sie steht zugleich in enger Verbindung zur Praxis. Pädagogische Wissenschaft ist demnach Wissenschaft *von* der Erziehung und Wissenschaft *für* die Erziehung; sie hat bezogen auf die Theorie des Praktikers eine theoretische und zugleich eine praktische Aufgabe. „Aber die wissenschaftliche Theorie der Pädagogik hat nicht bloß diese objektive, bloß analytische Funktion der Aufklärung des Sachverhaltes, sondern sie hat auch einen Ort unmittelbar im Zusammenhang der Praxis selbst. Sie übernimmt die Funktion der Theorie innerhalb der Praxis als stellvertretende Besinnung, als Läuterung der in der Praxis angelegten Theorien, als bewußte Vorbesinnung und bewußte nachträgliche Klärung. Während sie als Theorie der Theorie, beschäftigt mit der Aufklärung des Gesamtsachverhaltes von Theorie und Praxis, sozusagen für sich bestehen kann, von außen und von oben das Geschehen auf dem Felde der Erziehung betrachtend, ist sie hier innerlich an die Praxis gebunden, ist sie schlechthin abhängig von der Praxis und der Erziehungswirklichkeit. Sie dient der Praxis und gilt nur so weit, als sie der Praxis helfen, als der Praktiker etwas mit ihren Ergebnissen anfangen kann. Es gilt hier der Primat der Praxis, die mit Theorie geladen, doch an sich unabhängig ist von der Pädagogik als Wissenschaft. Um es mit Schleiermacher zu sagen: ‚die Dignität der Praxis ist unabhängig von der Theorie, die Praxis wird nur mit der Theorie eine bewußtere!‘.“[11] Die Theorie dritten Grades wird so in der rekonstuktiven Phase des pädagogischen Aktes – unter nachdrücklicher Betonung des Primates der Praxis – verortet, und es werden ihr zwei Aufgaben zuteil: eine theoretische, die eine metatheoretische einschließt, und eine praktische, die die gewonnenen Erkenntnisse an die Praxis rückzuvermitteln hat.

Wir können nun – nach der analytischen Betrachtung – den strukturellen Aufbau des Theorie-Praxis-Verhältnisses bei Weniger nachzeichnen und eine kritische Einschätzung der logischen Stringenz und Tragweite jenes Modells vornehmen. Weniger verortet die Theorien ersten und zweiten Grades, d. i. die Theorien des Praktikers in der präemergenten Phase des Handlungsaktes; beide Theorien allein genügen dabei nicht zum Vollzug des pädagogischen Aktes; es muß die Tat, die Entscheidung des Praktikers hinzukommen, damit ein neues pädagogisches Handlungsexemplar emergiert. Dieses wird nun zum Gegenstand der pädagogischen Wissenschaft, der Theorie dritten Grades. Die Theorie dritten Grades wird folgerichtig in der postemergenten Phase des pädagogischen Aktes verortet; sie hat eine doppelte Aufgabe, und zwar eine theoretisch erkennende (einschließlich einer metatheoretischen) und eine praktische, die in der Rückvermittlung des rekonstruktiv Erkannten an die Praxis besteht. In dieser Funktion soll die Theorie dritten Grades die möglichen Widersprüche der Theorie ersten Grades und der Theorie zweiten Grades beseitigen helfen und so beitragen zu einer bewußteren Praxis pädagogischen Handelns.

Die Differenzierung zwischen einer Theorie ersten Grades und einer Theorie zweiten Grades in der Praxis ist unseres Erachtens zu unbestimmt und zu abstrakt, als daß sie zu einer Aufklärung der Theorie der Praxis etwas beitragen könnte. Es verbirgt sich dahinter das Problem der die pädagogischen Handlungen determinierenden Strukturen und Theorien unterschiedlicher Reichweite, ein Problem, das sicherlich nicht durch die bloße Differenzierung zweier Theorieformen zu bewältigen ist. Um die Erkenntnisleistung Wenigers trotz dieses ungenügenden Differenzierungsversuchs nicht aus den Augen zu verlieren, sprechen wir allgemein von der Theorie des Praktikers. Auf diesem Hintergrund nun erweist sich das Wenigersche Theorie-Praxis-Modell von einem überraschend klaren und logisch stringenten Aufbau, der mit der struktural-dialektischen Analyse der objektiven Strukturiertheit des pädagogischen Aktes in wesentlichen Grundzügen übereinstimmt. So werden die strukturalen Eigenschaften der Kategorie der Entscheidung realisiert, was wichtig ist zum Aufbau eines nicht-technokratischen Theorie-Praxis-Verhältnisses und zur Vermeidung auch latenter Formen der Subsumtionslogik bei der Konstitution jenes Verhältnisses. Es wird die Theorie des Praktikers in der präemergenten Phase des Handlungsaktes verortet und die pädagogische Wissenschaft in ihrer rekonstruktiv begründenden Funktion erkannt, ein Faktum, gegen das bis heute permanent verstoßen wird. Ebenso wird die Theorie des Theoretikers (die pädagogische Wissenschaft) unter Wahrung der Autonomie der Lebenspraxis in ein – struktural gesehen – angemessenes Verhältnis zur Theorie des Praktikers gesetzt. Mit einer nicht-technokratischen, nicht-subsumtionslogischen Bestimmung des Zueinanders von Theorie und Praxis bietet dieses Modell - entgegen anderslautenden Kritiken und Vermutungen - geradezu eine geeignete Grundlage für die Integration der Dimension des Kritischen - etwa kritischer Theorie. Zwar ist das Theorie-Praxis-Modell Wenigers ergänzungsbedürftig und weiter auszuführen - erinnert sei nur an die zeitphilosophischen Differenzierungen von Vergangenheit, Gegenwart und Zukunft und an die Herstellung der einzelnen dialektischen Bezüge zwischen Theorie, Praxis und Empirie -, doch kann jenes Modell als ein strukturaler Rohentwurf betrachtet werden, der neuesten struktural-dialektischen Erkenntnissen nicht widerspricht. So gesehen stellt der Wenigersche Versuch der Bestimmung des Zueinanders von Theorie und Praxis sicherlich einen Höhepunkt geisteswissenschaftlichen Denkens und geisteswissenschaftlicher Pädagogik dar.

Benners Versuch der Bestimmung des pädagogischen Theorie-Praxis-Verhältnisses, das es im folgenden zu behandeln gilt, stellt zwar gegenüber dem Modell Wenigers eine weitere Differenzierung dar, indem Benner das Verhältnis von Theorie und Praxis, von Theorie und Empirie und von Praxis und Empirie in ihrem dialektischen Bezogensein aufeinander im einzelnen untersucht, andererseits jedoch fällt Benner stellenweise hinter die strukturale Denkungsart und die strukturalen Erkenntnisse Wenigers zurück. Wir werden die jeweiligen strukturalen Defizite des Bennerschen Modells durch Konfrontation mit unserer Fassung des Theorie-Praxis-Empirie-Verhältnisses sichtbar zu machen versuchen und hoffen, dadurch unser Modell nach und nach verdeutlichen zu können.

3. 3 Darstellung und Kritik des praxeologisch-erfahrungswissenschaftlichen Ansatzes Benners

Versuchen wir zunächst auf der Folie der pädagogischen Theorietradition auf das Motiv und die Problematik einzugehen, die Pädagogik praxeologisch-handlungstheoretisch zu konzipieren. Hören wir dazu Benner: „Das Problem einer erfahrungswissenschaftlichen Pädagogik läßt sich vor diesem Hintergrund als die Aufgabe bestimmen, das unfruchtbare Nebeneinander von charismatischen Handlungslehren und erkenntniswissenschaftlicher Forschung dadurch zu überwinden, daß einmal der Primat der Praxis nicht nur die Beziehung der Theorie zur Praxis, sondern zugleich die Beziehung der Praxis zur Theorie und damit die Möglichkeit der Weiterentwicklung der Theorie erfaßt, daß zum anderen eine praxeologische Forschungsmethode entwickelt wird, welche die Erziehungswirklichkeit als praktische Handlungssituation zum Gegenstand hat, und daß schließlich der Zusammenhang zwischen charismatischer Handlungstheorie und praxeologischer Erfahrung so bestimmt wird, daß die Handlungslehren über die Forschung mit ihrem eigenen Praktischwerden konfrontiert werden und die Forschung zur praxeologischen Erfahrung des Umschlags von Theorie in Praxis wird."[12] Alle bisherigen Ansätze in der Pädagogik, sowohl die traditionellen als auch die historisch-hermeneutischen und die empirisch-analytischen, abstrahieren – so Benner – von der Notwendigkeit einer im Primat der Praxis bzw. Handlung stehenden Pädagogik. Um einer solchen Pädagogik mehr als eine programmatische Form zu geben, muß der Autor den Strukturzusammenhang von Theorie, Empirie und Praxis konkret zur Explikation bringen.

Benner versucht, diesen Strukturzusammenhang in vier Schritten darzustellen: „In einem ersten Schritt wird das Verhältnis von Theorie und Praxis, in einem zweiten das von Theorie und Forschung und in einem dritten das von Praxis und Forschung bestimmt. In einem vierten und letzten Schritt soll dann der Versuch unternommen werden, den komplexen Zusammenhang von Praxis, Theorie und Forschung in einer Theorie des pädagogischen Experiments, welche die Begründung einer handlungswissenschaftlichen Empirie intendiert, auf seinen Begriff zu bringen."[13] Versuchen wir im folgenden, die vier Schritte darzustellen und sie im Lichte unseres strukturalen Ansatzes einer kritischen Einschätzung zu unterziehen.

1. Schritt: Das praktische Verhältnis von Theorie und Praxis

Insofern sich Theorie auf Handeln bezieht, stehen – so Benner – „Theorie und Praxis in keinem theoretischen, sondern in einem praktischen Verhältnis."[14] Der Autor spricht in diesem Kontext von einer praktischen Differenz von Theorie und Praxis, die er, bezogen auf den Objektbereich der Pädagogik, als pädagogische Differenz faßt.[15] Nach Benner ist „die pädagogische Differenz von Erziehungswissenschaft und Erziehung für die Pädagogik schlechthin konstitutiv."[16] Das Absehen von dieser konstitutiven Differenz hat zur Folge die einseitige Orientierung der Pädagogik an der Theorie oder an der Praxis. Die lineare Orientierung an der Theorie führt zu einer Pädagogik normativer dogmatischer Maximen; die bloße Orientierung an der Praxis hingegen führt zur szientifischen Verkürzung und Technologisierung der komplexen pädagogischen Handlungssituation. Im ersten wie im zweiten Fall erfüllt die Erziehungswissenschaft ihre Aufgabe nicht, Handlungswissenschaft *von* der und *für* die Erziehung zu sein. Denn, so Benner: „Theorie und Praxis treten in ein Anwendungsverhältnis, in welchem die Theorie ihre Anwendbarkeit vorgibt und die Praxis sich der anwendbaren Theorie bedient. Der Theorie bleibt dabei die in sie eingehende Problematisierung der Praxis ebenso verborgen, wie die Praxis um den ihr bei der Lösung der praktischen Probleme zukommenden Primat betrogen wird. Eben diesen Primat erkennt die pädagogische Differenz von Theorie und Praxis an, denn in ihr ist sowohl die Angewiesenheit der Praxis auf eine sie in ihrer Entscheidungsfindung heuristisch anleitende und in ihrer Aufgabenbestimmung sinnorientierende Theorie als auch die Verwiesenheit der

Theorie auf die Praxis als Vermittlungsinstanz und Ort ihres Praktischwerdens begründet."[17]

Benner intendiert offensichtlich die Konstitution eines pädagogischen Strukturmodells, in dem Theorie und Praxis in ein dialektisches Verhältnis zueinander treten; weder darf die Theorie die Praxis normativ in einem dogmatischen Sinne bestimmen noch darf die nach Maßgabe kausalanalytischer Verfahrensweisen zurechtgestutzte Praxis Orientierungsrahmen pädagogischen Handelns sein. Bis hierhin stimmen wir mit dem Bennerschen Entwurf überein. Im Lichte unseres erweiterten pragmatistisch-naturalistischen Ansatzes ist jedoch nicht stehenzubleiben bei der Begrifflichkeit von Theorie und Praxis; diese muß vielmehr weiter ausdifferenziert werden, um der Komplexität der pädagogischen Handlungssituation gerecht zu werden. Analysiert man den praktischen pädagogischen Akt bzw. die praktische pädagogische Handlungssituation struktural, so wird sofort evident, daß sich die pädagogische Differenz von Erziehungswissenschaft und Erziehung mit den Begriffen „Theorie" und „Praxis" nicht adäquat erfassen läßt. Die pädagogische Differenz von Erziehungswissenschaft und Erziehung stellt sich dem strukturalen Blick weit differenzierter dar als dem auf die traditionelle Begrifflichkeit von Theorie und Praxis reduzierten. Struktural betrachtet, ist die pädagogische Differenz wie folgt zu beschreiben. Sie verweist zunächst darauf, daß in der praktischen Handlung zwischen Theorie, die in Form pädagogischen Begründungswissens (verkörpert in der Objekt-Instanz des „me") zur Applikation kommt, und der Unmittelbarkeit der praktischen Entscheidung (die durch die Spontaneitätsinstanz des „I" erfolgt) zu unterscheiden ist. In der Tat stehen hier pädagogische Theorie („me") und unmittelbare Praxis („I") in einer nicht zu überbrückenden praktischen Differenz. Doch ist diese pädagogische Differenz nicht exakt bestimmt, wenn sie als Differenz von Erziehungswissenschaft und Erziehung bestimmt wird. Anzugeben wäre, was denn hier Erziehungswissenschaft heißt; Erziehungswissenschaft kommt nämlich in diesem Zusammenhang nicht als theoretische (Handlungs-)Wissenschaft *von* der Erziehung zur Applikation. Letztere wird vielmehr erst vermittelt über die Erziehungswissenschaft als praktische Handlungswissenschaft *für* die

Erziehung auf der Ebene des sedimentierten pädagogischen Erfahrungs- und Wissensbestandes wirksam. Denn in der praktischen Handlung - und das lehrt die strukturale Handlungstheorie pragmatistisch-naturalistischer Genese - kommt Theorie allererst in Form sedimentierten Wissens, in Form des „me" zum Einsatz. Die pädagogische Differenz verweist also im praktischen Verhältnis von Theorie und Praxis nicht oder nur höchst vermittelt auf die Differenz von Erziehungswissenschaft und unmittelbarer Praxis bzw. unmittelbar praktischer Entscheidung. Als theoretische Handlungswissenschaft *von* der Erziehung kann sie hier - sieht man von der undialektischen subsumtionslogischen Theorieanwendung ab - schon deshalb nicht direkt zum Einsatz kommen, weil sie in dieser Funktion immer nur rekonstruktiv das bereits emergierte pädagogische Handlungsexemplar auf seine objektive Strukturiertheit hin untersuchen kann. Gegenüber der Bennerschen Fassung des Verhältnisses von Theorie und Praxis bringen wir hier folgende Differenzierungen an. Erstens versuchen wir, das praktische Verhältnis von Theorie und Praxis dahingehend zu differenzieren, daß wir von dem Verhältnis von „me" als dem sedimentierten pädagogischen Begründungswissen bzw. den sedimentierten pädagogischen Erfahrungs- und Wissensbeständen und „I" als der unmittelbar praktischen Entscheidung bzw. der unmittelbaren Praxis reden. Zweitens ist diese Differenz als die pädagogische Differenz der präemergenten Phase im pädagogischen Akt zu bezeichnen.[18]

2. Schritt: Das Verhältnis von Theorie und Forschung

Nach Benner bildet das Theorie-Praxis-Verhältnis die Grundlage, von der aus das Zueinander von Theorie und Forschung bzw. praxeologischer Empirie abzuleiten ist. Praxeologische Empirie hat zu ihrem Objekt „das erzieherische Handeln und die erziehende Kommunikation zwischen Erzieher und Heranwachsendem als theoretisch angeleitete und orientierte Praxis."[19] Auch im Verhältnis von Theorie und praxeologischer Empirie spielt die pädagogische Differenz eine entscheidende Rolle. Denn, so der Autor: „Da das theoretisch angeleitete und orientierte Erziehungshandeln als Gegenstand handlungswissenschaftlicher Forschung niemals unmittelbare Folge der Theorie, sondern auf Grund der pädagogischen Differenz zwischen Theorie und Praxis praktische Vermittlung von Theorie und Praxis ist, kann die praxeologische Empirie in der Erforschung der Praxis niemals bis zu einer Verifikation der Theorie gelangen. Vielmehr kommt ihr die Aufgabe zu, der Theorie ihr durch die Praxis selbst vermitteltes Praktischwerden rückerfahrbar zu machen, damit diese das Erziehungshandeln erneut zum Gegenstand einer kritischen Analyse der Möglichkeiten und Aufgaben der Erziehung erheben kann."[20] Das Erziehungshandeln, das die praxeologische Empirie zu ihrem Gegenstand hat, ist, wie Benner richtig ausführt, das dialektische Resultat von Theorie im Sinne einer heuristischen Anleitung und der unmittelbaren pädagogischen Praxis. Der Autor realisiert jedoch nicht oder zu wenig, daß die praxeologische Empirie zu ihrem zentralen Gegenstand ein pädagogisches Handlungsexemplar mit neuen Bedeutungstrukturen hat und daß es ihre Aufgabe ist, diese rekonstruktiv zu begreifen und in pädagogische Rationalität zu überführen. Praxeologische Empirie in diesem Sinne ist identisch mit Erziehungswissenschaft als theoretischer (Handlungs-)Wissenschaft *von* der Erziehung. Die praxeologische Empirie gehört demzufolge der rekonstruktiven, postemergenten Phase des pädagogischen Aktes an. Erst nachdem praxeologische Empirie ihre Aufgabe der theoretisch begründeten rekonstruktiven Erkenntnis erfüllt hat, erst nachdem sie zu einer wissenschaftlichen Theorie vorgestoßen ist, wird die Frage der Rückvermittlung ihrer Resultate qua Erziehungswissenschaft als Handlungswissenschaft *für* die Erziehung an die erzieherisch Handelnden relevant. Die Rückvermittlung des wissenschaftlich erzielten pädagogischen Erkenntnisfortschritts an die erzieherisch Handelnden zerfällt nun in mehrere Komponenten, und zwar im wesentlichen in die der Wissensvermittlung bzw. in die des Unterrichtens und in die der Erziehung, d. i. zum einen der Vermittlung eines historisch-spezifischen Normbewußtseins und zum anderen der Vermittlung der Fähigkeit der Entschlüsselung objektiver Bedeutungsstrukturen pädagogischen Handelns. Dieser Rückvermittlungsprozeß selbst ist nicht mehr primär Aufgabe der theoretischen Handlungswissenschaft *von* der Erziehung; sie fällt vielmehr in den Gegenstandsbereich der praktischen Handlungswissenschaft *für* die Erziehung, die diese Leistung u. a. durch die Ausdifferenzierung und Anwendung einer Professionslogik zu erfüllen hätte. Eine gelungene Rückvermittlung meint hier, daß die erzielten pädagogischen Erkenntnisse zu integralen Bestandteilen des sozialen und pädagogischen Wissens- und Erfahrungsbestandes der erzieherisch Handelnden geworden sind.

Das so ausdifferenzierte Verhältnis von Theorie und praxeologischer Empirie folgt aus der Dialektik des pädagogischen Aktes. Zu unterscheiden ist dabei zwischen zwei Theorieformen, und zwar einer Theorie, die der Instanz des „me" entspricht und die die rückvermittelten pädagogisch-wissenschaftlichen Erkenntnisse immer schon enthält (diese Form der Theorie kommt am ehesten dem nahe, was Benner als Heuristik erzieherischer Situationsbewältigung und bildungstheoretischer Aufgabenorientierung bezeichnet), und einer Theorie, die der Instanz des „me" entspricht und die die rekonstruktiv gewonnenen rationalen Erkenntnisse der praxeologischen Empirie meint. Beide Theorieformen sind, obwohl in einem dialektischen Verhältnis zueinander stehend, analytisch strikt auseinanderzuhalten, wenn es nicht doch - wie latent auch immer - zu einem undialektisch-linearen Anwendungsverhältnis von Theorie und Empirie kommen soll. Es besteht also auch im Verhältnis von Theorie und praxeologischer Empirie eine unüberbrückbare pädagogische Differenz. Diese Differenz fällt mit der Differenzierung des pädagogischen Aktes in eine postemergente Phase, in der die praxeologische Empirie und in eine präemergente Phase, in der die Theorie als sedimentierter Erfahrungs- und Wissensbestand, als Heuristik zu verorten ist, zusammen.

3. Schritt: Das Verhältnis von Empirie und Praxis

In einem dritten Schritt behandelt der Autor das Verhältnis von Empirie und Praxis, das er aus dem Verhältnis von Theorie und Empirie abzuleiten versucht. Die Resultate der praxeologischen Empirie schlagen nur vermittelt über die Theorie in Praxis um. Die pädagogische Differenz tritt demnach hier „als Differenz zwischen erziehungswissenschaftlicher und erzieherischer Erfahrung auf."[21] Das Verhältnis von erziehungswissenschaftlicher und erzieherischer Erfahrung beschreibt Benner wie folgt: „Während die erzieherische Erfahrung des Praktikers ihren Ort im Rahmen einer theoretisch angeleiteten praktischen Situationsbewältigung und Entscheidungsfindung hat, richtet sich die erziehungswissenschaftliche Erfahrung auf das über die erzieherische Erfahrung vermittelte Praktischwerden der Theorie."[22] Dem so beschriebenen Zueinander von Empirie und Praxis ist grundsätzlich zuzustimmen, doch erweist sich die kategoriale Begrifflichkeit von Theorie und Praxis, mit der Benner operiert, auch hier wieder zu eng und zu unbeweglich, um der Komplexität des pädagogischen Aktes gerecht zu werden. Die Begriffe von Theorie und Praxis bedürfen vielmehr zur angemessenen Beschreibung dieses komplexen Sachverhaltes einer Entfaltung. So ist zunächst der Gegenstand der erziehungswissenschaftlichen Erfahrung exakt zu bestimmen; als das über die erzieherische Erfahrung vermittelte Praktischwerden der Theorie, ist er gleichsam noch offen gelassen, ist er noch nicht positiv bestimmt. Die erzieherische Erfahrung wäre unter der strukturalen Perspektive als die unmittelbare Praxis zu bestimmen; sie läßt erst, dialektisch vermittelt mit der sedimentierten pädagogischen Theorie, ein neues pädagogisches Handlungsexemplar in der Gegenwart emergieren. Gegenstand der erziehungswissenschaftlichen Erfahrung oder der praxeologisch handlungswissenschaftlichen Empirie ist nun genau das in der Gegenwart emergierte pädagogische Handlungsexemplar, das es rekonstruktiv zu begreifen gilt. Erziehungswissenschaftliche und erzieherische Erfahrung stehen also ebenfalls in einer pädagogischen Differenz: Während die erziehungswissenschaftliche Erfahrung der postemergenten Phase des Handlungsaktes angehört, ist die erzieherische Erfahrung in der präemergenten Phase des Handlungsaktes zu verorten. Erst über die Theorie in ihrer heuristisch anleitenden Funktion wird die erziehungswissenschaftliche Erfahrung auf die unmittelbare Praxis durchschlagen. Erziehungswissenschaftliche Erfahrung führt erst über einen Rückvermittlungsprozeß zu einem erhöhten Rationalitätspotential der sedimentierten pädagogischen Theorie und der unmittelbaren Praxis. Unter diesen Prämissen kann denn auch der folgenden Kritik Benners an einem linearen Zuordnungsprozeß von erziehungswissenschaftlicher und erzieherischer Erfahrung zugestimmt werden: „Sowenig sich ein Regelkreis zwischen Theorie und Praxis aufrecht halten läßt, sowenig darf ein Regelkreis zwischen erziehungswissenschaftlicher und erzieherischer Erfahrung konstruiert werden. Wo Forschung und Praxis in eine lineare Beziehung zueinander gebracht werden, tritt an die Stelle von Handlungstheorie und praxeologischer Empirie ein technologisches Modell, in welchem die Theorie sich eine handlungsanweisende Funktion gegenüber der Praxis anmaßt, die Praxis auf zweckrationales Handeln verkürzt und der Reflexion der Zwecke und Mittel enthoben wird und in welchem die Empirie die Entwicklung und Einhaltung der normativ-technologischen Regeln kontrolliert, um so Theorie an Praxis und Praxis an Theorie zu verifizieren. Empirie dient alsdann nicht mehr der Weiterentwicklung der Theorie und der Höherbildung der Praxis, sie zielt vielmehr auf die Konstruktion eines optimal funktionierenden operationalen Systems normativer Steuerung des Erziehungsprozesses, auf eine Manipulation der Erziehenden ebenso wie auf eine Manipulation der Zu-Erziehenden."[23]

4. Schritt: Der Strukturzusammenhang von Theorie, Empirie und Praxis im pädagogischen Experiment

In einem vierten Schritt soll das Verhältnis von Theorie und Praxis, von Empirie und Theorie und von Empirie und Praxis auf das pädagogische Experiment bezogen werden; mit diesem soll gleichsam forschungsstrategisch unter Umgehung von deren aporetischer Struktur an die traditionellen und modernen Ansätze in der Erziehungswissenschaft angeschlossen werden.

Um den Begriff des pädagogischen Experiments zu erläutern, unterscheidet der Autor im Anschluß an Kant und E. Heintel zunächst zwischen praktischem und technischem Experiment.[24] Während das technische Experiment dem Modell der kausalanalytisch verfahrenden Naturwissenschaften abgelesen ist und sich letztlich in der Subsumtion der Sache unter den Begriff erschöpft und daher nicht zum Sinnverständnis des Gegenstandes führt, zeichnet sich das praktische Experiment dadurch aus, daß es gerade nach dem Sinn des Gegenstandes und dem Nicht-Identischen, dem kausalanalytisch nicht Erklärbaren fragt. „Das praktische Experiment transzendiert den Horizont technischer Verfügbarkeit in zweifacher Hinsicht. Zum einen fragt es nach dem Sinn technischer Verfügbarkeit, und zum anderen versucht es den Gegenstand auch da zu begreifen, wo er noch nicht oder auch grundsätzlich nicht kausalanalytisch erklärbar ist ... An die Stelle der intersubjektiven Nachprüfbarkeit kausalanalytischer Befunde im technischen Experiment tritt im praktischen Experiment die interindividuelle Problem- und Sinnverständigung über menschliche Praxis. Das Verhältnis von Theorie und Praxis ist hier nicht mehr wie im technischen Experiment ein solches zwischen einer anwendbaren Theorie und einer anwendbaren Praxis, sondern ein solches zwischen praktischer Theorie und Handeln."[25]

Versuchen wir, weitere Bestimmungen des Begriffs des praktischen Experiments zu gewinnen. Nach Aussage des Autors handelt es sich bei dem praktischen Experiment nicht wie im technischen Experiment „um ein lineares Praktischwerden der Theorie, sondern um eine zwar theoretisch angeleitete und orientierte, letztlich aber nicht über die Theorie selbst, sondern über die Motivation vermittelte praktische Situationsbewältigung und Sinnstiftung."[26] Die zentrale These bezüglich des Verhältnisses von Theorie und Praxis im praktischen Experiment lautet: „Die Theorie vermag lediglich eine Anleitung der Positivitätssetzung, niemals jedoch eine Norm der Positivität selber zu erbringen. Hierauf beruht der Experiment-Charakter menschlicher Problem- und Sinnverständigung ... Gerade weil das Praktischwerden der Theorie über die Motivation des Handelnden vermittelt ist, gerade weil der Handelnde zwar Herr seiner Motivation, niemals aber Herr der Folgen seines Tuns sein kann, da diese zugleich über die Praxis der anderen vermittelt sind, erweist sich das praktische Experiment als ein ‚Teilexperiment'. Wo immer sich Praxis zum Totalexperiment hypostasiert, mediatisiert sie die Praxis der anderen und tritt diesen gegenüber dogmatisch auf."[27] Benner beschreibt hier in traditioneller Terminologie das Verhältnis von Theorie und Praxis, wie es der präemergenten Phase des pädagogischen Aktes inhärent ist. Gemeint ist hier, in strukturalistischer Teminologie ausgedrückt, die dialektische Vermittlung des theoretischen Begründungswissens, des „me" mit der

Motivation, d. i. der Spontaneitätsinstanz des „I", die ein neues Handlungsexemplar emergieren läßt. Angemessen wird auch auf die Zukunftsoffenheit durch den Begriff des Experimentellen und die exakte Differenzierung von Teil- und Totalexperiment eingegangen.[28] Bis hierhin ist dem Bennerschen Modell auch unter strukturalistisch-dialektischer Betrachtungsweise zuzustimmen. Doch auf der Grundlage dieser einleitenden Differenzierungen von praktischem und technischem Experiment soll erst die Funktion der Pädagogik als einer experimentell verfahrenden handlungsorientierten Wissenschaft geklärt werden. Zu diesem Zweck bezieht Benner das Verhältnis von Theorie und Praxis, von Theorie und Empirie und von Empirie und Praxis auf den Begriff des praktischen Experiments. Versuchen wir nun, diese Schritte im einzelnen nachzuvollziehen und sie einer kritischen Überprüfung zu unterziehen.

1. Das praktische pädagogische Experiment unter dem Aspekt des Theorie-Praxis-Verhältnisses

Das Verhältnis von Theorie und Praxis wird hier bestimmt als ein praktisches, was besagen will, „daß die praktische Vermittlung von theoretischer Ermöglichung sinnbestimmten Erziehungshandelns und praktischer Verwirklichung kritisch orientierter Handlungsentwürfe die unabnehmbare Aufgabe des in konkreten Erziehungssituationen Handelnden ist."[29] Die Vermittlung von Theorie und Praxis in der konkreten Situation durch den erzieherisch Handelnden charakterisiert denn auch den „Wagnischarakter eines pädagogischen Experiments."[30] Pädagogische Theorie „zielt auf die Durchführung pädagogischer Experimente, d. h. auf eine Einrichtung der Erziehungswirklichkeit, welche theoretisch angeleitetem experimentellem Erziehungshandeln förderlich ist."[31] Benner beschreibt hier in traditioneller Terminologie, was wir unter strukturalistischer Perspektive als die Dialektik von pädagogisch sedimentierter Theorie („me") und unmittelbarer Praxis („I") bezeichneten. Entscheidend ist dabei die Zukunftsoffenheit, die das pädagogische Experiment kennzeichnet. Dem Bennerschen Versuch, Theorie und Praxis im pädagogischen Experiment zu verorten, ist hier prinzipiell zuzustimmen; auszudifferenzieren wäre allerdings das Verhältnis von Theorie und Praxis in der präemergenten Phase des pädagogischen Aktes durch die Entfaltung der Begrifflichkeit von Theorie und Praxis selbst. Wir haben dies im Kontext der systematischen Behandlung der Instanzen von „me“ und „I“ zu leisten versucht.

2. Das praktische pädagogische Experiment unter dem Aspekt des Theorie-Empirie-Verhältnisses

Theorie und Empirie sind nicht auf einem Kontinuum abzutragen; sie stehen nicht in einem linearen Anwendungsverhältnis zueinander. Das besagt hier, daß „Empirie nicht auf die Aufhebung des Experimentcharakters der Erziehung zielen kann, sondern der Weiterentwicklung der pädagogischen Theorie und vermittelt über diese der Weiterentwicklung des erzieherischen Experimentierens zu dienen hat.“[32] Daher hält die Empirie konsequent an der pädagogischen Differenz fest; ihr geht es nicht um deren tendenzielle Elimination, „sondern allein um die Rückerfahrung der zum praktischen Experimentieren in pädagogischer Differenz stehenden Theorie.“[33] In dieser Argumentation zeigt sich nun deutlich, daß sich mit den Begriffen „Theorie“ und „Praxis“ die Komplexität des pädagogischen Aktes nicht fassen läßt. Die praxeologische Empirie, die sich ja nur auf das Gegebene, auf das emergierte pädagogische Handlungsexemplar, auf – in der Bennerschen Terminologie – „die praktische Gegebenheit“ des pädagogischen Experiments beziehen kann, wird hier lediglich zu der pädagogischen Theorie der präemergenten Phase des pädagogischen Aktes in Beziehung gesetzt.[34] Dieser Rückkoppelungsgedanke von Empirie an die pädagogische Theorie des praktischen Experiments erklärt aber noch nicht, wie denn das Neue, das durch die praktische pädagogische Handlung bzw. das praktische pädagogische Experiment emergiert, begrifflich verfügbar gemacht werden kann. Praxeologische Empirie, die ja identisch ist mit der Erziehungswissenschaft als theoretischer Handlungswissenschaft *von* der Erziehung, wird hier lediglich als eine Vermittlungsinstanz zwischen der praktischen Gegebenheit pädagogischer Experimente und der pädagogischen Theorie der präemergenten

Phase des Handlungsaktes betrachtet.[35] So bleibt der Gegenstandsbereich der Erziehungswissenschaft als theoretischer Wissenschaft *von* der Erziehung im Bennerschen Strukturmodell letztlich unbestimmt. Auf der Folie unseres strukturalistischen Ansatzes hätte die praxeologische Empirie oder die Erziehungswissenschaft als theoretische Handlungswissenschaft *von* der Erziehung zu ihrem zentralen Gegenstand das rationale Begreifen des emergierten pädagogischen Handlungsexemplars, letztlich die Transformation des pädagogisch Neuen ins pädagogisch Alte. Erst im Anschluß an diesen Transformationsprozeß, der ja Bedingung der Möglichkeit der Begründung pädagogischer Rationalität und pädagogischen Erkenntnisfortschritts ist, stellt sich die Frage der Rückvermittlung dieser Erkenntnisse an die pädagogische Theorie der präemergenten Phase des pädagogischen Aktes, an die erzieherisch Handelnden. Angesichts dieses Rückvermittlungsprozesses erst würde Erziehungswissenschaft als praktische Handlungswissenschaft *für* die Erziehung relevant.

3. Das praktische pädagogische Experiment unter dem Aspekt des Empirie-Praxis-Verhältnisses

Die Differenz von Empirie und Praxis, von erziehungswissenschaftlicher und erzieherischer Erfahrung begründet die Unterscheidung von pädagogischem und erzieherischem Experiment. Während das pädagogische Experiment „sich auf die Planung und Veränderung der Erziehungswirklichkeit als Ort der erzieherischen Experimente" richtet, ist vom erzieherischen Experiment auch dort noch zu sprechen, „wo keine pädagogischen Experimente unternommen werden."[36] Gegenstand der praxeologischen Empirie ist das pädagogische Experiment, das sich auf die Veränderung der Erziehungswirklichkeit selbst richtet.

Der Differenzierung zwischen pädagogischem und erzieherischem Experiment ist zwar grundsätzlich zuzustimmen, doch ist mit dieser Differenzierung noch nicht viel gewonnen. Es wäre konkret anzugeben, wo denn im pädagogischen Akt das Pädagogisch-Wissenschaftliche und das Erzieherisch-Praktische zu verorten sind, und wie es um deren Wechselwirkung steht. Gemäß unserem strukturalistischen Ansatz ist das Pädagogisch-Wissenschaftliche in der postemergenten Phase des pädagogischen Aktes verankert. Das Pädagogisch-Wissenschaftliche oder die praxeologische Empirie dient hier, wie Benner richtig ausführt, der Weiterentwicklung der Handlungstheorie. Es wäre nun aber weiter zu klären, wie denn auf der Grundlage der handlungstheoretischen Erkenntnisse der Erziehungswissenschaft die Erziehungswissenschaft als praktische Wissenschaft *für* die Erziehung in Erscheinung treten könnte. Benner differenziert diesen Prozeß jedoch nicht und intendiert offensichtlich, im Begriff des pädagogischen Experiments die beiden Funktionen der Erziehungswissenschaft, theoretisch begründende und praktische Handlungswissenschaft zugleich zu sein, zu vereinigen. Die Umgestaltung der Erziehungswirklichkeit nach Maßgabe pädagogischer Experimente steht jedoch in Gefahr, wenn derart der Vermittlungsprozeß zwischen der theoretischen und praktischen Aufgabe der Erziehungswissenschaft ausgeklammert bleibt, zu einer besonders subtilen, weil ungewollten und schwer durchschaubaren Form von Subsumtionslogik zu führen.

Das Verdienst Benners ist es, den Versuch unternommen zu haben, vom Primat der Handlung her eine Erziehungswissenschaft als Handlungswissenschaft *von* der und *für* die Erziehung zu konzeptualisieren. Dabei ist insbesondere die differenzierte Betrachtung des Verhältnisses von Theorie und Praxis, von Theorie und Empirie und von Empirie und Praxis im pädagogischen Akt hervorzuheben. Bei strukturalistischer Betrachtung erweist sich jedoch das Operieren mit den Begriffen von Theorie, Praxis und Empirie oftmals als zu eng und zu unbeweglich, um der Dialektik des pädagogischen Aktes in ihrer ganzen Komplexität gerecht zu werden. Ebenso reicht die Unterscheidung von praktischem und technischem und von pädagogischem und erzieherischem Experiment nicht aus, um der Subsumtionslogik im Verhältnis von Erziehungswissenschaft und praktischer erzieherischer Erfahrung zu entgehen. Es ist daher eine differenzierte Betrachtung des pädagogischen Aktes selbst gefordert. Dabei kann an das Positive der von Benner bereits geleisteten Differenzierungen im pädagogischen Akt angeknüpft werden.

4. Der Strukturzusammenhang von Theorie, Praxis und Empirie im pädagogischen Akt und die Begründung der Erziehungswissenschaft als theoretische und praktische Handlungswissenschaft aus strukturalistischer Sicht

Im folgenden soll eher zusammenfassend und in komprimierter Form der Strukturzusammenhang von Theorie, Praxis und Empirie im pädagogischen Akt auf der Grundlage unseres Strukturmodells dargestellt werden. Es erwies sich dabei als notwendig, unter anderem den Begriff der Empirie zu unterteilen und ihn zu beziehen auf eine Erziehungswissenschaft als theoretische Handlungswissenschaft und auf eine Erziehungswissenschaft als praktische Handlungswissenschaft.

Versuchen wir zunächst, den pädagogischen Akt in seiner dialektischen Einheit darzustellen, um daran anschließend das Verhältnis von Theorie und Praxis, von Theorie und Erziehungswissenschaft als theoretischer Handlungswissenschaft, von Theorie und Erziehungswissenschaft als praktischer Handlungswissenschaft und von Praxis und Erziehungswissenschaft als praktischer Handlungswissenschaft zu beleuchten. Abschließend sind die historisch-hermeneutischen und die empirisch-analytischen erziehungswissenschaftlichen Verfahren im pädagogischen Akt zu verorten, und es sind die Aufgaben der theoretischen Erziehungswissenschaft noch einmal systematisch zu bestimmen.

Der pädagogische Akt kann auf der Folie unserer grundlagentheoretischen Betrachtungen unterteilt werden in eine präemergente und in eine postemergente Phase, wobei beide als in dialektischer Wechselwirkung zueinander stehend zu denken sind. Die präemergente Phase ist dabei identisch mit der von Mead beschriebenen Phase der Desintegration und Rekonstruktion im Handlungsakt; letztere kann wiederum unterteilt werden in eine negative Rekonstruktion, die der Objekt-Instanz des „me" und in eine positive Rekonstruktion, die der Subjekt-Instanz des „I" zuzurechnen ist; „I" und „me" treten in dieser Phase des Handlungsaktes in einen Dialog mit dem Ziel der Lösung des pädagogischen Handlungsproblems. Die Instanz des „me" verweist im pädagogischen Akt auf die vom erzieherisch Handelnden internalisierten sozialen und pädagogischen Erfahrungs- und Wissensbestände, die in einen Dialog mit der Subjekt- bzw. Spontaneitätsinstanz des „I" treten. Zwischen „me" und „I" besteht eine theoretisch unüberbrückbare Differenz, die hier als pädagogische Differenz bezeichnet werden kann. Der pädagogische Reflexionsprozeß wird nun durch die vereinheitlichende Handlung („unitary act") der Spontaneitätsinstanz des „I", die ein pädagogisches Handlungsexemplar mit neuen Bedeutungsstrukturen emergieren läßt, beendet. Mit der Emergenz dieses neuen pädagogischen Handlungsexemplars können wir gleichsam von der postemergenten Phase des pädagogischen Aktes reden. In ihr geht es wesentlich um die Transformation des Unbegriffenen in Begriffenes. Denn die Emergenz des Neuen, das Produkt der unmittelbaren, aber gleichwohl theoretisch vermittelten pädagogischen Praxis, ist identisch mit der Emergenz des unbegriffenen oder noch nicht begriffenen, aber prinzipiell begreifbaren pädagogisch Neuen. Es ist nun die zentrale Aufgabe der Erziehungswissenschaft als einer rekonstruktiv verfahrenden theoretischen Handlungswissenschaft, die objektive Strukturiertheit des vom erzieherisch Handelnden in die Welt gesetzten pädagogischen Handlungsexemplars zu analysieren. Insofern nicht die unmittelbare Interaktion selbst, sondern diese nur in material textlich fixierter Form Untersuchungsgegenstand von Wissenschaft sein kann, ist die Erziehungswissenschaft hier zugleich Handlungs- und Textwissenschaft. Ist der von der theoretischen Erziehungswissenschaft rekonstruktiv zu leistende Transformationsprozeß des pädagogisch Neuen ins pädagogisch Alte gelungen, so ist gleichsam von einem Erkenntnisfortschritt innerhalb der Erziehungswissenschaft selbst zu reden. Das derart durch die theoretische Erziehungswissenschaft rational Erkannte ist nun für die Erziehungswissenschaft als praktische Handlungswissenschaft, als einer Wissenschaft *für* die Erziehung fruchtbar zu machen. Das heißt, Funktion der praktischen Erziehungswissenschaft ist die Rückvermittlung des rational Erkannten an die erzieherisch Handelnden. Eine gelungene Rückvermittlung wäre daran zu bemessen, inwieweit der durch die theoretische Erziehungswissenschaft erzielte pädagogische Erkenntnisfortschritt Eingang in die bereits bestehenden pädagogischen Wissens- und Erfahrungsbestände der in konkreten Situationen erzieherisch Handelnden findet. Eine bloß begrifflich-abstrakte bzw. subsumtionslogische Vermittlung des pädagogisch Erkannten dürfte dabei a priori zu kurz greifen, weil sie den theoretisch durch die Erziehungswissenschaft erzielten Erkenntnisfortschritt nicht praktisch folgenreich in die konkrete erzieherische Handlungssituation zu übertragen vermag. Am ehesten scheint unseres Erachtens eine Vermittlung pädagogisch-wissenschaftlicher Erkenntnis an die erzieherisch Handelnden im Sinne einer Professionslogik erfolgreich. Demzufolge wäre die Erziehungswissenschaft als praktische Handlungswissenschaft *für* die Erziehung wesentlich in Form einer Professionslogik auszudifferenzieren. Dies gilt sowohl für die Wissensvermittlung wie für die Vermittlung eines historisch-spezifischen Normbewußtseins und den pädagogischen Verstehensprozeß. Während nun die theoretische Erziehungswissenschaft zum Gegenstand das emergierte pädagogische Handlungsexemplar hat und in der postemergenten Phase des Handlungsaktes zu verankern ist, ist die praktische Erziehungswissenschaft gleichsam Vermittler zwischen dem wissenschaftlich-rational Erkannten und den pädagogischen Wissens- und Erfahrungsbeständen der erzieherisch Handelnden. Anders formuliert, der praktischen Erziehungswissenschaft fällt die Vermittlungsfunktion zwischen der postemergenten und der präemergenten Phase des pädagogischen Aktes zu; in dieser Funktion sichert sie erst die Aufrechterhaltung der Verbindung zwischen Wissenschaft und Lebenspraxis, präziser zwischen theoretischer Erziehungswissenschaft und erzieherischer Handlung.

Wir können nun das Verhältnis von Theorie und Praxis, von Theorie und Erziehungswissenschaft als theoretischer Handlungswissenschaft, von Theorie und Erziehungswissenschaft als praktischer Handlungswissenschaft und von Praxis und Erziehungswissenschaft als praktischer Handlungswissenschaft auf den pädagogischen Akt beziehen.

4. 1 Das Verhältnis von Theorie und Praxis im pädagogischen Akt

Das Verhältnis von Theorie und Praxis, das sich auf die konkrete Situation, die der erzieherisch Handelnde zu bewältigen hat, bezieht, ist in der präemergenten Phase des pädagogischen Aktes zu verorten. Die Form der Theorie, die hier in Wechselwirkung zur Subjekt- bzw. Spontaneitätsinstanz des „I", d. i. dem Repräsentanten von Kreativität und unmittelbarer Praxis, tritt, ist identisch mit den sozialen und pädagogischen Wissens- und Erfahrungsbeständen, die der erzieherisch Handelnde im Verlaufe seiner biographischen Entwicklung sich angeeignet hat. Theorie ist hier niemals als eine lineare Anwendung erziehungswissenschaftlicher Theorie zu denken; nicht nur speist sich diese Theorie auch wesentlich aus nicht-erziehungswissenschaftlichem Wissen, sondern sie ist auch als erziehungswissenschaftliche immer schon vermittelte, vom erzieherisch Handelnden perspektivisch angeeignete. Auch kommt pädagogische Theorie hier linear in dem Sinne nicht zur Anwendung, als sie allein ein neues pädagogisches Handlungsexemplar emergieren lassen könnte; ohne Vermittlung mit der unmittelbaren Praxis bliebe sie bloße Theorie. Pädagogisches Handeln in der präemergenten Phase des Handlungsaktes fällt dem erzieherisch Handelnden zu; er allein vermag es - und darin besteht seine relative Autonomie - auf der Folie seiner pädagogischen Erfahrungs- und Wissensbestände ein neues pädagogisches Handlungsexemplar emergieren zu lassen. Pädagogisches Handeln in diesem Sinne ist - und dafür sorgt die unhintergehbare Instanz des „I" - zukunftsoffenes und experimentelles Handeln.

4.2 Zum Verhältnis von Theorie und Erziehungswissenschaft als theoretischer Handlungswissenschaft

Mit der Emergenz eines neuen pädagogischen Handlungsexemplars beginnt die eigentliche Aufgabe der Erziehungswissenschaft als theoretischer Handlungswissenschaft; sie besteht in der rekonstruktiven Erkenntnis der objektiven Strukturiertheit des emergierten Handlungsexemplars. Insofern sie dabei die pädagogische Interaktion in textlich fixierter Form zu ihrem Gegenstand hat, verfährt sie empirisch und theoretisch zugleich. Zur Theorie der präemergenten Phase des Handlungsaktes läßt sie sich sinnvoll nur über das Medium der praktischen Erziehungswissenschaft, d. i. der Wissenschaft *für* die Erziehung in Verbindung setzen. Insofern gibt es auch keine direkte, sondern nur eine indirekte professionslogisch abzusichernde und auszudifferenzierende Verbindung zwischen der Erziehungswissenschaft als theoretischer Handlungswissenschaft *von* der Erziehung, die der postemergenten Phase des Handlungsaktes zuzurechnen ist, und der pädagogischen Theorie der präemergenten Phase des pädagogischen Aktes.

4. 3 Zum Verhältnis von Theorie und Erziehungswissenschaft als praktischer Handlungswissenschaft

Die theoretische ist über die praktische Erziehungswissenschaft - so das Resultat unserer bisherigen Analyse - zur pädagogischen Theorie der präemergenten Phase des pädagogischen Aktes in Beziehung zu setzen. Demnach steht die Erziehungswissenschaft als praktische Handlungswissenschaft in direkter Beziehung zur pädagogischen Theorie der präemergenten Phase. Ihre Aufgaben sind u. a. die Vermittlung von Wissen einerseits und die Vermittlung eines historisch-spezifischen Normbewußtseins sowie der Fähigkeit der Deutung pädagogischer Interaktionen andererseits.

Gehen wir hier nur kurz auf die Aufgabe der praktischen Erziehungswissenschaft, die Fähigkeit zu vermitteln, pädagogische Interaktionen in ihrer objektiven Strukturiertheit entschlüsseln zu können, ein. Zu vermitteln wäre dabei in Form einer Professionslogik die Einstellung der stellvertretenden Deutung. Ziel der stellvertretenden Deutung ist letztlich ein Lehrprozeß, in dessen Verlauf der Zu-Erziehende instandgesetzt wird, die objektive Strukturiertheit pädagogischer Interaktionen selbst zu erkennen und so in einem rationaleren Sinne zukünftig pädagogisch handeln zu können. Im Zusammenhang mit der pädagogischen Aufgabe der Wissensvermittlung und des Unterrichtens versucht Oevermann das Prinzip der stellvertretenden Deutung wie folgt zu erläutern: „Trivialerweise ist, solange der primäre Sozialisationsprozeß noch nicht abgeschlossen ist, das sich bildende Subjekt aufgrund seiner entwicklungsbedingt eingeschränkten Sinninterpretationskapazität zur vollen Realisation der latenten Sinnstrukturen prinzipiell nicht befähigt. Daher sind die Interaktionen, an denen Kinder beteiligt sind, durch eine im Vergleich zum Interaktionshandeln normaler Erwachsener besonders hohe Diskrepanz zwischen der latenten Sinnstruktur des Interaktionstextes und der subjektiv-intentionalen Repräsentanz auf seiten des (kindlichen) handelnden Subjekts gekennzeichnet. Dieser Umstand bildet die Grundbedingung pädagogischen Handelns.

Bezogen darauf liegt es nahe, als Adäquatheitsbedingung pädagogischen Handelns einzuführen, daß der praktizierende Pädagoge, bei welchem konkreten Unterrichtsstoff auch immer, zunächst versuchen muß, das im Unterricht realisierte Interaktionshandeln der Kinder sowie das darin eingebettete sachbezogenene Handeln des einzelnen Kindes in seiner latenten Sinnstruktur stellvertretend zu deuten, um die objektive, sinnstrukturelle Reichhaltigkeit bemessen zu können, die darin zum Ausdruck kommt. Das kann ... nur durch professionsspezifische Abkürzungsverfahren [und nicht in der unpraktischen Einstellung der theoretischen Erziehungswissenschaft; H. J. W.] vonstatten gehen. Wichtig ist nur, daß der Pädagoge diese *Einstellung* der stellvertretenden Deutung grundsätzlich übernimmt und sich den Reichtum der objektiven Sinnstrukturiertheit des kindlichen Handelns intuitiv vergegenwärtigt. Er verschafft sich damit einen kritischen Bezugspunkt für den pädagogisch angeleiteten Lehrprozeß, in dem es primär darauf ankommt, dem Kind das, was es objektiv ohnehin schon kann, auf einer höheren Stufe der Explikation und mentalen Strukturierung durch Anleitung zum rekonstruktiven Lernen zugänglich zu machen. Man kann eine solche ... an den latenten Sinnstrukturen der pädagogischen Interaktion ansetzende und ihre strukturelle Asymmetrie damit reflektierende Pädagogik als *mäeutische* bezeichnen, im Unterschied zu einer an der empiristischen Erkenntnistheorie orientierten, in der es primär darauf ankommt, durch Indoktrination, Dressur oder Konditionierung den Wissensvorrat eines subsumtionslogisch, d. h. ohne sachhaltige Begründung aus dem konkret lebensgeschichtlichen Zusammenhang heraus, schon immer als in bestimmter Weise genügend lernbedürftig und/oder lernbefähigt eingeführten Subjekt zu erweitern ...“[1]

Kommen wir nach dieser extensiven Beschreibung des Prinzips der stellvertretenden Deutung auf unser Strukturmodell zurück. Resümierend können wir festhalten: Die Aufgabe der praktischen Erziehungswissenschaft besteht darin, das von der theoretischen Erziehungswissenschaft rational Erkannte nicht-subsumtionslogisch, sondern gleichsam erfahrungserweiternd an die pädagogische Theorie der präemergenten Phase, d. i. letztlich an die konkret erzieherisch Handelnden zu vermitteln.

4. 4 Zum Verhältnis von Praxis und Erziehungswissenschaft als praktischer Handlungswissenschaft

Die Erziehungswissenschaft als praktische Handlungswissenschaft für die Erziehung bzw. die praktische Erziehungswissenschaft hat auf die unmittelbare Praxis, die nach unserem Strukturmodell in der präemergenten Phase des pädagogischen Aktes zu verorten ist, keinen direkten, sondern einen indirekten über die pädagogische Theorie der präemergenten Phase vermittelten Einfluß. Zwischen der theoretischen Erziehungswissenschaft und der unmittelbaren Praxis des erzieherisch Handelnden liegt demzufolge ein doppelter Vermittlungsprozeß, und zwar der über die praktische Erziehungswissenschaft und der über die pädagogische Theorie der präemergenten Phase des pädagogischen Aktes. Das durch die theoretische Erziehungswissenschaft pädagogisch Erkannte wird dann, wenn es zur präemergenten Phase hin vermittelt wird, zukünftig zu einer Praxis führen, die durch ein erhöhtes Rationalitätspotential geleitet ist, ohne daß diese Rationalität einen Abbruch bedeutete an der unversiegbaren Quelle des von der Spontaneitätsinstanz des „I“ motivierten und aus der unmittelbaren Praxis emergierenden pädagogisch Neuen, das nun erneut durch die theoretische Erziehungswissenschaft in das pädagogisch Alte zu transformieren und entsprechend rückzuvermitteln ist. Pädagogischer Erkenntnisfortschritt und pädagogische Erfahrungserweiterung sind, soweit sie auf erziehungswissenschaftlichen Erkenntnissen beruhen, zwingend an diesen dialektischen Rückkoppelungsprozeß zwischen postemergenter und präemergenter Phase des pädagogischen Aktes gebunden.

4. 5 Die Verortung historisch-hermeneutischer und empirisch-analytischer Verfahren im pädagogischen Akt und die Differenzierung der Aufgaben der theoretischen Erziehungswissenschaft

Im folgenden sind in einem ersten Schritt die historisch-hermeneutischen und die empirisch-analytischen Verfahren im pädagogischen Akt selbst zu verorten. In einem zweiten Schritt ist eine Differenzierung der Aufgaben der theoretischen Erziehungswissenschaft vorzunehmen.

Gehen wir zunächst auf die empirisch-analytischen Verfahren ein. Sie sind unverzichtbarer Bestandteil der theoretischen Erziehungswissenschaft und gehören demzufolge zur postemergenten Phase des pädagogischen Aktes. Die Resultate der empirisch-analytischen Verfahren sind wie alle Resultate der theoretischen Erziehungswissenschaft nicht linear, sondern nur über die praktische Erziehungswissenschaft zur präemergenten Phase und d. h. zur konkreten erzieherischen Handlungssituation hin zu vermitteln. Der Versuch einer linearen Applikation der durch die empirisch-analytischen Verfahren erzielten Resultate auf die konkrete Erziehungswirklichkeit führte zur bloßen technologischen Manipulation des Erziehungsprozesses und zum Abbruch der Dialektik des pädagogischen Aktes. Der Abbruch der Dialektik des pädagogischen Aktes hat seinerseits zur Folge die Destruktion des Zukunftsoffenen und Experimentellen im pädagogischen Handeln, was wiederum einhergeht mit der Elimination des pädagogisch Neuen und der Desavouierung jeglichen Erkenntnisfortschrittes und jeglicher Erfahrungserweiterung.

Geht man ob dieser gravierenden Folgen davon aus, daß die empirisch-analytischen Verfahren an den Rückvermittlungsprozeß gebunden sind, der für die theoretische Erziehungswissenschaft allgemein gilt, so ist nun deren Stellung innerhalb der theoretischen Erziehungswissenschaft selbst zu bestimmen. Die Erziehungswissenschaft als theoretische Handlungswissenschaft *von* der Erziehung hat primär zu ihrem Gegenstand die rekonstruktive Entschlüsselung des emergierten pädagogischen Handlungsexemplars; dieses kann sich sowohl auf die individuelle Ebene wie auch auf höher aggregierte Ebenen (etwa die gesamtgesellschaftliche oder die gattungsgeschichtliche Ebene) beziehen. Da dieser Rekonstruktionsprozeß ein objektives Sinngebilde, d. i. die objektive Sinnstrukturiertheit des pädagogischen Handlungsexemplars zu ihrem Gegenstand hat, handelt es sich um einen hermeneutischen Rekonstruktionsprozeß. Die empirisch-analytischen Verfahren können nun im Anschluß an diesen hermeneutischen Rekonstruktionsprozeß wie folgt zur Applikation kommen. Zum einen könnten sie in einen Prozeß der Konfrontation mit den mit Hilfe einer hermeneutischen Rekonstruktionsmethodologie dechiffrierten objektiven Strukturierungsgesetzlichkeiten gebracht werden; dieser Prozeß wäre als ein Wechselwirkungsprozeß zwischen den objektiven Strukturierungsgesetzlichkeiten und den Fakten der empirisch-analytischen Sozialforschung zu konzipieren. Zum anderen könnten sie vornehmlich dann angewandt werden, wenn es um die Abkürzung komplexen Datenmaterials geht. Im ersten Falle käme den empirisch-analytischen Verfahren - neben ihrer ökonomisierenden - selbst eine erkenntnislogische Funktion zu; im zweiten Falle blieben sie wesentlich auf die den Datenerzeugungsprozeß abkürzende Funktion beschränkt. Es ist indes hier nicht der Ort, zwischen den beiden Möglichkeiten der Applikation der empirisch-analytischen Verfahren eine Entscheidung zu treffen.

Kommen wir auf die funktionelle Bestimmung der historisch-hermeneutischen Verfahren im pädagogischen Akt zu sprechen. Die historisch-hermeneutischen Verfahren sind Teil der theoretischen Erziehungswissenschaft und damit in der postemergenten Phase des pädagogischen Aktes zu verorten. Den historisch-hermeneutischen Verfahren kommt dabei mindestens eine zweifache Bedeutung zu. Zum einen sind die in der geisteswissenschaftlichen Tradition (Schleiermacher, Droysen, Dilthey) ausgebildeten hermeneutischen Forschungsmethoden für die Analyse der objektiven Strukturiertheit der emergierten pädagogischen Handlungsexemplare fruchtbar zu machen. Dazu ist aus heutiger Sicht eine Verbindung der geisteswissenschaftlichen hermeneutischen Methoden mit modernen sprachtheoretischen und strukturalistischen Ansätzen herzustellen. Unter dieser Perspektive haben die hermeneutischen Methoden geisteswissenschaftlicher Pädagogik für die theoretische Erziehungswissenschaft, die ja Handlungs- und Textwissenschaft zugleich ist, auch heute noch eine nicht zu unterschätzende Bedeutung. Zu beachten ist dabei, daß Gegenstand der Textinterpretation die pädagogische Realität sui generis ist und nicht bloß deren geistige Derivate. Hermeneutik in diesem Sinne wäre in Richtung auf eine objektive bzw. strukturale Hermeneutik hin auszudifferenzieren. Für diese gilt die Abgrenzung nicht mehr, die noch die methodologischen Analysen der geisteswissenschaftlichen Pädagogik kennzeichneten, d. i. die hermeneutische Analyse historischer (geistiger) Texte einerseits und die Hermeneutik der Erziehungswirklichkeit andererseits. Beide sind, in materialen Akttexten vorliegend, auf die pädagogische Realitätsebene sui generis hin analysierbar. Strukturale Hermeneutik zeigt, daß keine Kluft besteht zwischen geistigen unter methodischer Kontrolle hervorgebrachten Texten und den Texten der konkreten erzieherischen Interaktion bzw. Erziehungswirklichkeit. Daraus ergibt sich auch die zweite Bedeutung der historisch-hermeneutischen Verfahren der geisteswissenschaftlichen Pädagogik für die theoretische Erziehungswissenschaft. Es wären nämlich deren Resultate der Analyse historischer Texte unter strukturalem Aspekt auf ihre Relevanz für die heutige Erziehungswissenschaft und Erziehungswirklichkeit zu untersuchen.

Versuchen wir nach der Verortung der empirisch-analytischen und historisch-hermeneutischen Verfahren in der theoretischen Erziehungswissenschaft deren Aufgaben selbst zu bestimmen. Die theoretische Erziehungswissenschaft kann nach Maßgabe unseres Strukturmodells in verschiedene Ebenen differenziert werden:

1. Die theoretische Erziehungswissenschaft ist zunächst als eine genuin theoretische Sozialwissenschaft zu bestimmen. Sie muß sich grundlagentheoretisch auf die Kategorie der sozialen Handlung beziehen. Dies gilt sowohl für die Konstruktion von Theorien sozialen Handelns

wie für deren praktische Erforschung. Erziehungswissenschaft hat nämlich, was bisher weitgehend übersehen wurde, über die Analyse bestimmter pädagogischer Interaktionsformen (z. B. über die Erforschung verschiedener Spielarten) einen privilegierten Zugang zur Erkenntnis wichtiger Determinanten sozialen Handelns, d. i. vor allem der historisch-spezifischen und der subkulturellen Strukturierungsgesetzlichkeiten. In dieser Funktion ist die theoretische Erziehungswissenschaft selbst verpflichtet, an der Aufklärung der Struktur sozialen Handelns mitzuwirken.

2. Theoretische Erziehungswissenschaft, als Handlungs- und Textwissenschaft zugleich, hat sich der modernen Sprachtheorie und Sprachphilosophie verstärkt zu öffnen. Dadurch wird es ihr möglich, die Textförmigkeit pädagogischer Wirklichkeit zu erkennen und zu begründen.

3. Theoretische Erziehungwissenschaft hat wissenschaftstheoretische und erkenntnistheoretisch-philosophische Grundströmungen im Lichte des Primates der Handlung zu beleuchten. Hierher gehört auch die Frage nach der Integration der historisch-hermeneutischen und empirisch-analytischen Verfahren. Ebenso wird es auf dieser Ebene um die forschungslogische Ausdifferenzierung einer objektiven bzw. strukturalen Hermeneutik gehen.

4. Theoretische Erziehungswissenschaft hat zu ihrem zentralen materialen Gegenstand die rekonstruktive Analyse des emergierten pädagogischen Handlungsexemplars, letztlich die rationale Erkenntnis der pädagogischen Realität sui generis. Mit der Erkenntnis der pädagogischen Realität sui generis, d. i. der objektiven Strukturierungsgesetzlichkeit pädagogischen Handelns ist zugleich die Erkenntnis einer positiven, sinnhaften pädagogischen Orientierung verbunden. Die rekonstruktiv verfahrende Analyse kann sich dabei sowohl auf individuelle wie auch auf höher aggregierte pädagogische Ereignisse bis hin zu gesamtgesellschaftlichen und gattungsgeschichtlichen Bildungsprozessen beziehen. In dieser erkennenden und begründenden Funktion ist Erziehungswissenschaft Bedingung der Möglichkeit der Erreichung pädagogisch-wissenschaftlichen Erkenntnisfortschritts und pädagogisch-wissenschaftlicher Erkenntniserweiterung.

4. 6 Perspektiven

Es wurde hier der Versuch unternommen, auf der Folie unseres erweiterten pragmatistisch-naturalistischen Ansatzes einige Grundzüge für ein neues handlungsorientiertes Paradigma in der Erziehungswissenschaft zu erarbeiten. Es käme nun darauf an, soll das Projekt der Erhebung der Erziehungswissenschaft zur Handlungswissenschaft Wirklichkeit werden, das gelegte Fundament auszudifferenzieren und erneut zu reflektieren. Bezüglich der Ausdifferenzierung des vorgelegten Strukturmodells sei hier nur auf zwei Aspekte verwiesen. Zum einen gilt es, den strukturellen Aufbau innerhalb der theoretischen Erziehungswissenschaft auf der Grundlage des Primates der Handlung in Angriff zu nehmen; gedacht ist dabei an die verschiedenen zu integrierenden theoretischen Ansätze; paradigmatisch sei hier nur verwiesen auf den historisch-hermeneutischen Ansatz, auf den empirisch-analytischen Ansatz, auf den kritisch-dialektischen Ansatz, auf den Peirceschen Pragmatizismus, auf die Piagetische Entwicklungspsychologie, auf die Freudsche Psychoanalyse, auf den Levi-Straussschen Strukturalismus und die moderne Sprachtheorie und Sprachphilosophie. Zum anderen ist die Aufgabe der praktischen Erziehungswissenschaft zu explizieren und die Frage ihrer möglicherweise professionslogischen Ausgestaltung zentral zu diskutieren. Die zu lösenden Aufgaben verweisen bereits darauf, daß die Erhebung der Erziehungswissenschaft zur Handlungswissenschaft erst im Anfangsstadium steht.

Schluß

Versuchen wir im folgenden einen Blick zu werfen auf neuere nicht pragmatistisch-naturalistisch orientierte Entwicklungen in der Erziehungswissenschaft. In letzter Zeit haben u. a. die Systemtheorie Luhmanns, der Konstruktivismus der Erlanger Schule, die Konzeption der Aktions- bzw. Handlungsforschung, die Diskussionen um die Antipädagogik und um die Bedeutung der neostrukturalistischen Philosophie französischer Provenienz für das Selbstverständnis heutiger und zukünftiger Erziehung, wenn auch in sehr unterschiedlichem Ausmaß, Eingang in die Erziehungswissenschaft gefunden.[1] Wir können im Rahmen dieser Arbeit nicht auf alle Ansätze gesondert eingehen und beschränken uns aus pragmatischen Gründen auf eine Auseinandersetzung mit der Aktions- bzw. Handlungsforschung; die anderen Konzepte, die gleichwohl eine Auseinandersetzung herausfordern, müssen in einem anderen Kontext behandelt werden. Die Aktions- bzw. Handlungsforschung ist auch deshalb ausgewählt worden, weil sie ähnlich wie der pragmatistisch-naturalistisch orientierte Ansatz mit dem Anspruch einhergeht, Erziehungswissenschaft zur Handlungswissenschaft zu erheben.

Die Aktions- bzw. Handlungsforschung („action research") verdankt ihre Entstehung der defizitären Strategie der klassischen empirisch-analytisch verfahrenden Sozialforschung. Postuliert wird – gegenüber der strikten Trennung von Theorie und Praxis und der verdinglichenden Subjekt-Objekt-Beziehung in der klassischen Sozialforschung – ein Verfahren, in dem Forschung und Aktion gleichsam zusammenfallen und das eine unmittelbare Zusammenarbeit von Forschern und Praktikern ermöglicht. Fuchs faßt das Programm der Aktionsforschung gleichsam in seinem Kern, wenn er schreibt: „Indem die Wissenschaft als Institution mit dem ganzen Gewicht ihrer normativen Legitimität solche Vorhaben, die

Forschung und Aktion in einem sind, decken könnte, gelänge es vielleicht auch, die Versuchspersonen zum Verzicht auf Anonymität, auf Unverbindlichkeit der Erhebungssituation überhaupt zu bewegen, politisches Engagement in und nach der Forschungssituation zu ermutigen.“[2] Im Anschluß an die ideologiekritische Position der kritischen Theorie insbesondere Habermasscher Provenienz wird in den Konzeptionen der Handlungsforschung der Versuch unternommen, Emanzipation mit der Forschung unmittelbar zu verbinden und eine Veränderung des Negativen der sozialen Realität durch unmittelbaren Eingriff in die Praxis selbst herbeizuführen. Hören wir dazu Fuchs: „Die empirische Sozialforschung als Methode der Forschung *und* der Veränderung des Forschungsfeldes wird emanzipatorische Wirkungen nur entfalten können im Zusammenhang mit der kritischen Theorie der Gesellschaft und mit stärkerem politischen Engagement der Sozialwissenschaft.“[3] Empirische Sozialforschung wird unmittelbar verbunden mit politischer Aktion, ist unmittelbarer Teil von Emanzipations- und Demokratisierungsprozessen innerhalb spezifischer Aktionsforschungsprogramme. Versuchen wir die Konzeption der Aktions- bzw. Handlungsforschung weiter zu präzisieren; Klafki unterscheidet drei Eigenschaften der Handlungsforschung: „Erstens: ‚Handlungsforschung ist in ihrem Erkenntnisinteresse und damit ihren Fragestellungen von Anfang an auf gesellschaftliche bzw. auf pädagogische Praxis bezogen, sie will der Lösung gesellschaftlicher bzw. praktisch-pädagogischer Probleme dienen.‘ Zweitens: ‚Handlungsforschung vollzieht sich in direktem Zusammenhang mit den jeweiligen praktischen Lösungsversuchen, denen sie dienen will; sie greift als Forschung unmittelbar – und nicht erst nach vollzogenem Forschungsprozeß als sog. ‚Anwendung‘ der Forschungsergebnisse – in die Praxis mit ein, und sie muß sich daher für Rückwirkungen aus dieser von ihr selbst mitbeeinflußten Praxis auf die Fragestellungen und die Forschungsmethoden im Forschungsprozeß selbst – und nicht erst in der abschließenden Auswertungsphase im Hinblick auf zukünftige Forschung – offenhalten.‘ Drittens: ‚Handlungsforschung hebt in irgendeinem Grade bewußt und gezielt die Scheidung zwischen Forschern auf der einen und Praktikern in dem betreffenden Aktionsfeld – in unserem Falle: den pädagogischen Praktikern ... – auf der anderen Seite auf zugunsten eines möglichst direkten Zusammenwirkens von Forschern und Praktikern im Handlungs- und Forschungsprozeß.' "[4]

Ergänzend zu der Klafkischen differenzierten Beschreibung der zentralen Merkmale der Handlungsforschung wäre hinzuzufügen, daß das Zusammenwirken von Forschern und Praktikern hauptsächlich nach Maßgabe des Habermasschen Diskursmodells vorgestellt wird. Moser bringt dies dezidiert zum Ausdruck, wenn er formuliert: „Aktionsforschung versucht also, in Diskursen Handlungsorientierungen auszuarbeiten, indem über deren Gültigkeit in systematischer Argumentation verhandelt wird."[5]

Versucht man den strukturellen Kern der Handlungsforschung zu umreißen, so sind vor allem die folgenden drei Aspekte zu nennen: Erstens die Koinzidenz von pädagogischer Forschung und erzieherischer Aktion, zweitens das emanzipatorische Erkenntnisinteresse, das praktisch folgenreich werden soll durch unmittelbare emanzipatorische Eingriffe in die pädagogische Praxis, und drittens das Zusammenwirken von Forschern und Praktikern durch eine gleichberechtigte und zwanglose Kommunikation nach Maßgabe des Diskursmodells.

Die Behauptung der Koinzidenz von Forschung und Aktion, d. i. hier von pädagogischer Forschung und erzieherischer Aktion, bedarf einer Begründung, wenn es sich nicht bloß um eine subjektive Setzung handeln soll. Eine derartige Begründung ist zwingend verwiesen auf eine exakte Analyse der objektiven Strukturiertheit sozialen Handelns. Denn erst durch Einsicht in die objektive Strukturiertheit sozialen Handelns läßt sich erkennen, wie es um den Zusammenhang von Forschung und Aktion steht. Hält man Ausschau nach einer solchen Analyse, so stellt man fest, daß es sie innerhalb der Handlungsforschung nicht gibt. Auf die Kategorie der Handlung wird denn auch nur sehr allgemein eingegangen. Die Einsichten in die Struktur sozialen Handelns verbleiben an der Erscheinungsoberfläche; entweder wird mit Postulaten operiert, oder es erfolgt eine bloß abstrakte Negation des Handlungsbegriffs der klassischen empirischen Sozialforschung.[6] So heißt es etwa bei Moser im Sinne lediglich eines Postulats:

„Während nämlich die traditionelle Sozialwissenschaft anglo-amerikanischer Prägung insbesondere auf den Verhaltensbegriff rekurriert, wird im Paradigma der Aktionsforschung der Handlungsbegriff zentral. Hier kann übrigens auch die Aktionsforschung an eine lange schon vorgebahnte Tradition innerhalb der Sozialwissenschaft anknüpfen, nämlich an jene Linie, die sich vom Pragmatismus, dem symbolischen Interaktionismus und der phänomenologischen Schule (Schütz) bis zu neueren Versuchen der Ethnomethodologie (Garfinkel), interaktionistischen Rollentheorie usw. erstreckt."[7]

Demgegenüber haben wir es bei dem Versuch von Kordes, das Zusammenfallen von pädagogischer Forschung und erzieherischer Aktion zu begründen, mit einer abstrakten Negation zu tun: „Dabei argumentiert Aktionsforschung (einschließlich ihrer sozialtechnischen Variante) umgekehrt: Die Trennung von Aktion und Forschung führe zu einer Serie uneinholbarer Anomalien, das heißt zu Aus- und Nebenwirkungen beim ‚Probanden' im ‚Untersuchungsfeld', auf die der empirische Forscher qua Methode nicht vorbereitet sei und welche im empirischen Untersuchungsprozeß nicht eigens reflektiert und dokumentiert werde: beispielsweise die repressiven Auswirkungen objektiver und zuverlässiger Instrumentalisierungen auf bloß noch defensive und reaktive ‚responses' ... der Versuchspersonen ... oder ihre regressiven Implikationen auf weit ‚unter ihrem Entwicklungsniveau' abgleitende Probanden ..., oder schließlich ihre Neigung zu reduktiven Ausschneidungen der Wirklichkeit, indem die Untersuchungsobjekte nur noch parzelliert, partialisiert und labilisiert in einer bestimmten, relativ oberflächlichen Leistung erscheinen, ohne Chance, etwas von ihrer ursprünglichen Kompetenz und Identität, schöpferischen Fähigkeit und selbstbewußten Persönlichkeit in die Untersuchung einzubringen ..."[8] Das Fehlen einer Analyse der objektiven Strukturiertheit sozialen bzw. pädagogischen Handelns ist offensichtlich, denn eine nicht bloß subjektiv-abstrakte Vorstellung von der sozialen Handlung, sondern eine Analyse des sozialen Handlungsaktes selbst hätte gezeigt, daß das Postulat des Zusammenfallens von Forschung und Aktion aus handlungsimmanenten Gründen unhaltbar ist. Nach strukturaler Erkenntnis der dialektischen Einheit des sozialen Handlungsaktes fällt Forschung in die postemergente Phase des Handlungsaktes, während die unmittelbare Aktion der präemergenten Phase des Handlungsaktes zuzurechnen ist, wobei beide zwar in einem dialektischen Verhältnis zueinander stehen, aber nicht unmittelbar zusammenfallen. Handlungsforschung zwingt subjektiv zusammen, was objektiv voneinander getrennt ist; diese Trennung ist nicht abstrakt, sondern selbst dialektisch zu verstehen; sie koinzidiert mit der pädagogischen Differenz von Theorie und Praxis. Auch verweist die Vielschichtigkeit, in der sich im sozialen Handlungsakt die Dialektik von Allgemeinem und Besonderem reproduziert, auf die Unhaltbarkeit der Annahme der Koinzidenz von Forschung und Aktion. Verwiesen sei hier nur auf die Dimensionen des Allgemeinen in jener Dialektik in Form der basalen universalen Strukturierungsgesetzlichkeit, der generativen universalen, der historisch-spezifischen und der subkulturellen Strukturierungsgesetzlichkeiten. Ohne auch nur etwas von dieser Vielschichtigkeit zu gewahren, reduziert Handlungsforschung Handlung auf einen ganz bestimmten Aspekt des Historisch-Spezifischen: nämlich auf das Politisch-Emanzipatorische. Damit wird die Dialektik von Allgemeinem und Besonderem, wie sie sich in jeder praktischen pädagogischen Handlung reproduziert, auf einen Teilbereich reduziert. Man nimmt einen Teil für das Ganze. Das aber stört die objektive Reproduktion der Dialektik von Allgemeinem und Besonderem nicht; als unerkannte bestimmt sie noch den Bereich, den man aus der Einheit des Handlungsgeschehens herausgenommen und hypostasiert hat, d. i. die politisch-emanzipatorisch orientierte erzieherische Aktion. So verständlich das Aufbrechen des starren Theorie-Empirie-Verhältnisses in der klassischen empirischen Sozialforschung war, so ist doch die Handlungsforschung eher einer subjektiven Vorstellung von Handlung verhaftet geblieben; sie setzte diese der Analyse der Handlung immer schon voraus, eine Grundaporie, die sich in verschiedenen Varianten durch die gesamte Geschichte der Pädagogik zieht.

Die zweite Frage, die es zu behandeln gilt und die mit der ersten in engem Zusammenhang steht, bezieht sich auf das gesellschaftskritisch-emanzipatorische Element, das die Handlungsforschung emphatisch in

Anspruch nimmt. Betrachtet man sich die Programmatik und die konkrete Durchführung von Aktionsforschungsprogrammen näher, so fällt auf, daß das, was jeweils Emanzipation heißt, nicht dialektisch-strukturanalytisch an der je konkreten Sache entschlüsselt wird; Handlungsforschung begnügt sich in der Regel mit der Applikation einer emanzipatorischen Begrifflichkeit auf das konkrete Phänomen. Diese Verfahrensweise aber läßt sich unschwer als eine Form unkritischer Kritik, als eine gleichsam subsumtionslogische Anwendung kritischer Theorie entlarven. Die Erkenntnis von Emanzipationspotentialen, die möglicherweise praktisch folgenreich entbunden werden können, hat zur unabdingbaren Voraussetzung eine extensive hermeneutisch rekonstruktiv verfahrende Analyse der konkreten Sache selbst, in deren Verlauf negative und positive (emanzipatorische) Potentiale, falsches und richtiges Bewußtsein dialektisch und das heißt hier *zugleich* aufgeschlossen werden, denn: „Die gültige strukturanalytische Rekonstruktion falschen Bewußtseins enthält zwingend zugleich – und das kennzeichnet sie als dialektische Methode – die Explikation richtigen Bewußtseins als Strukturpotential der analysierten Sache selbst.“[9] Die bloß subjektiv intentionale Setzung von Emanzipationszielen und der unmittelbare Versuch ihrer praktischen Durchsetzung scheitert an der Komplexität des Zusammenhangs von Emanzipation und Handlung, letztlich an den latenten unerkannten, weil unanalysiert gebliebenen die Handlung bestimmenden Strukturierungsgesetzlichkeiten, auf deren Folie sich erst das dialektische Verhältnis von Wirklichkeit und Möglichkeit ablesen läßt.

Kommen wir abschließend auf das Postulat des Zusammenwirkens von Forschern und Praktikern nach Maßgabe insbesondere des Habermasschen Diskursmodells zu sprechen. Dabei gilt unsere Kritik vor allem den ungerechtfertigten Hypostasierungen des Diskursmodells. So formuliert etwa Moser, indem er den Diskurs ins Zentrum der Aktionsforschung rückt: „Aktionsforschung versucht also, in Diskursen Handlungsorientierungen auszuarbeiten, indem über deren Gültigkeit in systematischer Argumentation verhandelt wird. Ergebnis solcher Verhandlung sind konsentierte Handlungsorientierungen, so etwas wir vorläufige gesellschaftliche Wahrheit.“[10] Unkritisch wird der zutiefst kritikbedürftige

Diskursbegriff von Habermas mit der Hoffnung, sich mit ihm gesellschaftlicher Wahrheit annähern zu können, übernommen. Eine solche Überschätzung ist zu kritisieren. Zum einen ist daran zu erinnern, daß die Intersubjektivität zwangloser argumentativer Verständigung nichts anderes als eine spezifische, wenn auch erweiterte Form von Subjektivität ist; ob mittels eines solchen Diskurses die objektive Strukturiertheit der Sache selbst getroffen wurde, ist eine davon strikt zu unterscheidende Frage. Davon, daß „konsentierte Handlungsorientierungen" als solche schon mit gesellschaftlicher Wahrheit korrelieren, kann keine Rede sein. Denn: „Entgegenzuarbeiten ist dem Schein, Intersubjektivität sei umstandslos näher an der Wahrheit als das einzelne Subjekt; beide sind Formen von Subjektivität; über ihre Nähe zur Wahrheit entscheidet ihre Erkenntniskraft, die mit der Fähigkeit, das Phänomen in seinem historischen Gewordensein [und in seiner objektiven Strukturiertheit, H. J. W.] zu entschlüsseln, zusammengeht."[11] Abgesehen von der Überschätzung des Diskurses im Prozeß der Erkenntnisgewinnung steht die undialektische Konzeption des Diskursbegriffes selbst zur Kritik. Habermas orientiert sich anläßlich des Entwurfes seines Diskursmodells einseitig am Begriff der Rationalität; dabei vergißt er die ontogenetische Grundlage von Rationalität, d. i. die Irrationalität. Rationalität und Irrationalität stehen in einem dialektischen Verhältnis zueinander, das die humane Ontogenese durchzieht und das es beim Entwurf eines kontrafaktischen Ideals gelungener intersubjektiver Verständigung im Auge zu behalten gilt. Davon aber abstrahiert Habermas und oftmals mit ihm die Rezipienten seines Modells.

Betrachtet man auf diesem Hintergrund die Aktionsforschung, so läßt sich sagen, daß deren Aporien wesentlich herrühren von einer bloß abstrakten Negation des Handlungs- bzw. Erfahrungsbegriffs der klassischen empirischen Sozialforschung, die eine bloß subjektive Vorstellung der objektiven Strukturiertheit des pädagogischen Aktes nach sich zog. Hält man sich dies vor Augen, so wird denn auch verständlich, daß die Intention der Aktionsforscher, eine handlungsorientierte Erziehungswissenschaft zu konstituieren, schon von ihren Prämissen her zum Scheitern verurteilt war. So kehren wir zu unserer These zurück, derzufolge das

Programm einer erfahrungswissenschaftlichen Erziehungswissenschaft in praktischer Absicht, d. i. die Erhebung der Erziehungswissenschaft zur Handlungswissenschaft erst systematisch in Angriff zu nehmen ist. Erste und wichtige Grundlagen dafür sind mit der struktural-dialektischen Analyse des sozialen bzw. pädagogischen Aktes gelegt worden. Erziehungswissenschaft in diesem Sinne will nicht jenseits der Handlung, sondern gerade in dialektischer Durchdringung dieser, gleichsam durch diese hindurch Wirklichkeit und Möglichkeit pädagogischen Handelns offenlegen und auf diese Weise - an der selbst aus dem Handlungsakt folgenden objektiv vorgängigen pädagogischen Differenz von Theorie und Praxis festhaltend - Wissenschaft *von* der und *für* die Erziehung sein.

Anmerkungen

Einleitung

1 Zur Darstellung und zu den Auseinandersetzungen zwischen den einzelnen erziehungswissenschaftlichen Paradigmen siehe u. a.: Benner, D.: Hauptströmungen der Erziehungswissenschaft. 2., neubearb. u. erw. Aufl. München 1978; ders.: Die praxeologisch-erfahrungswissenschaftliche Position im Positivismusstreit. In: Der Positivismusstreit in der deutschen Erziehungswissenschaft. München 1979, S. 45-62; König, E.: Theorie der Erziehungswissenschaft. Bd. 1 u. 2. München 1975; Wulf, Ch.: Theorien und Konzepte der Erziehungswissenschaft. 2. Aufl. München 1978; Blankertz, H.: Pädagogische Theorie und empirische Forschung. Neue Folge der Ergänzungshefte zur Vierteljahrsschrift für wissenschaftliche Pädagogik, Heft 5, Bochum 1966, S. 65-78; Mollenhauer, K.: Theorien zum Erziehungsprozeß. 3. Aufl. München 1976; ders.: Erziehung und Emanzipation. 7. Aufl. München 1977; Dahmer, I.: Theorie und Praxis. In: Geisteswissenschaftliche Pädagogik am Ausgang ihrer Epoche – Erich Weniger. Weinheim 1968, S. 35-80; Flitner, W.: Das Selbstverständnis der Erziehungswissenschaft in der Gegenwart. Heidelberg 1963; ders.: Stellung und Methode der Erziehungswissenschaft. In: Pädagogik als Wissenschaft. Darmstadt 1969, S. 370-379.

2 Benner, D.: Hauptströmungen der Erziehungswissenschaft, a.a.O., S. 319.

3 Benner, D., a.a.O., S. 320.

4 Benner, D., a.a.O., S. 321.

5 Ebd.

6 Siehe dazu: Kap. 3.

7 Siehe dazu u. a.: Gruschka, A. (Hrsg.): Ein Schulversuch wird überprüft. Das Evaluationsdesign für die Kollegstufe NW als Konzept handlungsorientierter Begleitforschung. Frankfurt/M. 1976; Haeberlin, U.: Empirische Analyse und pädagogische Handlungsforschung. Zeitschrift für Pädagogik 21 (1975), S. 653-676; Blankertz, H. & Gruschka, A.: Handlungsforschung: Rückfall in die Empiriefeindlichkeit oder neue Erfahrungsdimension (zum Beitrag von Haeberlin). Zeitschrift für Pädagogik 21 (1975), 5, S. 677-686; Mollenhauer, K. & Rittelmeyer, Ch.: „Empirisch-analytische Wissenschaft“ versus „Pädagogische Handlungsforschung“: Eine irreführ-

rende Alternative (Zu den Beiträgen von Haeberlin und Blankertz/Gruschka). Zeitschrift für Pädagogik 21 (1975), S. 687-693. Auf die Handlungsforschung werden wir im Schlußteil der Arbeit explizit eingehen.

8 Siehe dazu: Wagner, H.-J.: Strukturen des Subjekts. Eine Studie im Anschluß an George Herbert Mead. (Im Druck; vorläufiger Titel). Die ursprüngliche Schrift, in der der grundlagentheoretische (soziologische und philosophische) und der erziehungswissenschaftliche Teil gemeinsam enthalten sind, wurde vom Fachbereich Erziehungs- und Unterrichtswissenschaften der Freien Universität Berlin im Wintersemester 1987/88 als Habilitationsschrift unter dem Titel: „Handlung und Ich-Identität. Eine Studie im Anschluß an George Herbert Mead" angenommen.

9 Siehe dazu: Mollenhauer, K.: Theorien zum Erziehungsprozeß. 3. Aufl. München 1976, S. 84; Habermas, J.: Erkenntnis und Interesse. Frankfurt/M. 1970; Krappmann, L.: Soziologische Dimensionen der Identität. Stuttgart 1971; ders.: Neuere Rollenkonzepte als Erklärungsmöglichkeiten für Sozialisationsprozesse. In: Familienerziehung, Sozialstatus und Schulerfolg, hrsg. von der b:e Redaktion. Weinheim 1971, S. 161-183; Oevermann, U.: Sprache und soziale Herkunft. Frankfurt/M. 1970; Baacke, D.: Aspekte einer Vermittlung von Kommunikations- und Erziehungswissenschaft. In: Realistische Erziehungswissenschaft. Hannover 1972, S. 11 ff.; Loch, W.: Einleitung zu: Lurija, A. R. & Judowitsch, F. I.: Die Funktion der Sprache in der geistigen Entwicklung des Kindes. Düsseldorf 1970.

10 Mollenhauer, K.: Theorien zum Erziehungsprozeß, a.a.O., S. 84.

11 Ebd.

12 Brüggen, F.: Strukturen pädagogischer Handlungstheorie. Freiburg/München 1980, S. 143-216.

13 Brüggen, F., a.a.O., S. 153.

14 Brüggen, F., a.a.O., S. 159.

15 Brüggen, F., a.a.O., S. 161.

16 Brüggen, F., a.a.O., S. 161f.

17 Brüggen, F., a.a.O., S. 163.

18 Brüggen, F., a.a.O., S. 197.

19 Prange, K.: Pädagogik als Erfahrungsprozeß. Bd.1. Stuttgart 1978. In seinen Untersuchungen zur Pädagogik als Erfahrungsprozeß sucht Prange die Wendung vom transzendentalphilosophischen zum anthropologischen Ansatz und deren Implikationen herauszuarbeiten. Diese sog. „anthropologische Wende" setzt sich – so Prange – über Feuerbach, Marx, Nietzsche, Dilthey, den späten Husserl und Heidegger u. a. in

der Lebensphilosophie, im Existentialismus, in der Phänomenologie und auch – vermittelt über die Darwinsche Evolutionstheorie und die wissenschaftliche Methode – im Pragmatismus fort (Prange, K., a.a.O., S. 24). Die Bedeutung der anthropologischen Wende für die Erziehungswissenschaft beschreibt der Autor wie folgt: „Die pädagogische Dimension der Erfahrung läßt sich demnach dahin bestimmen, daß das Zustandekommen, die Objektivierung und die Rechtfertigung objektiver Erfahrung unter dem Gesichtspunkt des Erwerbs, der Vermittlung und der Anwendung in einen systematischen Zusammenhang zu bringen sind. Es liegt auf der Hand, daß sich der Zugang zu einem solcherart prozessuralen Verständnis von Erfahrung leichter von denjenigen theoretischen Positionen gewinnen läßt, die ohnehin schon praktisch, pragmatisch und lebensphilosophisch orientiert sind" (Prange, K., a.a.O., S. 33 ff.). Der Autor weist in diesem Kontext für die pädagogische Dimension des amerikanischen Pragmatismus auf J. Dewey hin. (Siehe dazu: Dewey, J.: Reconstruction in Philosophy. New York 1920; ders.: Democracy and Education. New York 1916; ders.: Human, Nature and Conduct. New York 1922; ders.: Experience and Nature. New York 1925; ders.: How we think. Rev. Ed., New York 1933; ders.: Experience and Education. New York 1938; ders.: The Child and the Curriculum. New York 1955; ders., & Kilpatrick, W. H.: Der Projekt-Plan – Grundlegung und Praxis. (Pädagogik des Auslands. Hrsg. v. Peter Petersen, Bd. VI) Weimar 1935. Es war nun – so Prange – vor allem die Reformpädagogik, die an die Lebensphilosophie und den amerikanischen Pragmatismus anknüpfte; erinnert sei in diesem Kontext an die Didaktik der Arbeitsschule von Kerschensteiner und Gaudig. Insbesondere Kerschensteiner versuchte im Anschluß an Dewey dem „Gedanken des Lernens durch Selbertun, Probieren und Selbstentdeckung" in der deutschen Pädagogik zum Durchbruch zu verhelfen (Prange, K., a.a.O., Bd. II, S. 261). Doch der Kerschensteinersche Versuch – so Prange – scheiterte letztlich daran, daß von der „Gewißheit von Zielen, die nicht durch Handeln ermittelt werden, ausgegangen" wurde (Prange, K., a.a.O., Bd. II, S. 261). Zur Rezeption des amerikanischen Pragmatismus durch Prange bleibt zusammenfassend anzumerken, daß er im Kontext seines Vorhabens, Pädagogik als Erfahrungsprozeß zu begründen, verschiedentlich auf Dewey und Peirce rekurriert, deren philosophische und pädagogische Erkenntnisse jedoch nicht – was wohl auch nicht in seiner Intention lag – systematisch auslotet; auf die Meadsche Konzeption geht der Autor nur am Rande ein.

20 Wilhelm, Th.: Pragmatische Pädagogik. In: Erziehungswissenschaftliches Handbuch. Bd. 4. Berlin 1975, S. 147-204. In seinem Aufsatz über die pragmatische Pädagogik stellt Wilhelm das folgende Diktum auf, das nach wie vor Gültigkeit beanspruchen kann und das lautet: „Wer versucht, Bausteine zu einer pragmatischen Pädagogik zusammenzutragen, darf sich nicht darauf beschränken, den verkümmerten und

spärlichen Auswirkungen in der pädagogischen Praxis nachzugehen, sondern muß sich an die philosophischen Quellen halten" (Wilhelm, Th., a.a.O., S. 164). Dabei hebt der Autor hervor, daß den zeitphilosophischen Reflexionen der Pragmatisten, insbesondere G. H. Meads, eine ebenso starke Bedeutung zukommt wie deren Studien des Sozialen und daß beide unabdingbar aufeinander verweisen. Nach seiner Ansicht „treten, als die beiden Brennpunkte der pragmatischen Reflexion hervor: (1) der hohe Stellenwert, der der Gegenwart eingeräumt wird – und das darin eingeschlossene spezifische Geschichtsverständnis – und (2) die Priorität der sozialen Phänomene bei der Untersuchung der Bedingungen der Möglichkeit von individueller Persönlichkeitsbildung und gesellschaftlicher Humanität" (Wilhelm, Th., a.a.O., S. 164 f.). Wilhelm zufolge erklärt sich die wichtige Rolle, die die zeittheoretischen Reflexionen über das Zueinander von Vergangenheit, Gegenwart und Zukunft im Pragmatismus spielen, nicht nur aus philosophischen, sondern auch aus pädagogischen Gründen, denn: „Die pragmatische Pädagogik entsteht in einer Zeit, wo sich Philosophie und Pädagogik bewußt werden, daß der Herbartianismus als Wegweiser für das Unterrichtsverfahren und die Hermeneutik als geisteswissenschaftliche Methode zwangsläufig zur Überbewertung der Vergangenheit führten" (Wilhelm, Th., a.a.O., S. 166). Gegen diese Überbetonung der Vergangenheit setzt sich der Pragmatismus – insbesondere in seiner Meadschen Version – zur Wehr, indem er von der gegenwärtigen, praktischen Handlung ausgehend sich auf Vergangenheit und Zukunft bezieht.

Kapitel 1: Traditionelle und moderne Ansätze in der Erziehungswissenschaft und ihre Defizite aus handlungstheoretischer Perspektive

1 Benner, D.: Hauptströmungen der Erziehungswissenschaft, a.a.O., S. 120.

2 Schleiermacher, F.: Pädagogische Schriften. 1. Bd. Die Vorlesungen aus dem Jahre 1826. Düsseldorf 1957, S. 10 f.

3 Schleiermacher, F., a.a.O., S. 55.

4 Rousseau, J.-J.: Emil oder über die Erziehung. 3. Aufl. Paderborn 1963, S. 318.

5 Siehe dazu: Klafki, W.: Der zweifache Ansatz Herbarts zur Begründung der Pädagogik als Wissenschaft. In: Herbart. Interpretation und Kritik. München 1971, S. 81-111.

6 Herbart, J. F.: Umriß pädagogischer Vorlesungen (1835). In: Umriß pädagogischer Vorlesungen. Rede bei Eröffnung der Vorlesungen über Pädagogik. Aphorismen zur Pädagogik. Paderborn 1957, § 2, S. 5.

7 Herbart, J. F., a.a.O., § 7, S. 6.

8 Zur Herbartschen Vorstellungspsychologie siehe auch: Schwenk, B.: Das Herbartverständnis der Herbartianer. Weinheim 1963, S. 99-165.

9 Siehe dazu auch: Benner, D.: Johann-Friedrich Herbart: Systematische Pädagogik. Stuttgart 1986; Adl-Amini, B., Oelkers, J. & Neumann, D. (Hg.): Pädagogische Theorie und erzieherische Praxis. Bern/Stuttgart 1979; Benner, D. & Schmidt-Kowarzik, W.: Prolegomena zur Grundlegung der Pädagogik. Bd. I: Herbarts praktische Philosophie und Pädagogik. Ratingen 1967; Blochmann, E.: Der pädagogische Takt. Die Sammlung (5) 1950, S. 712-720.

10 Herbart, J. F.: Rede bei der Eröffnung der Vorlesungen über Pädagogik (1802). In: Johann Friedrich Herbart: Umriß pädagogischer Vorlesungen. Rede bei Eröffnung der Vorlesungen über Pädagogik. Aphorismen zur Pädagogik. Paderborn 1957, S. 147 ff.

11 Ebd.

12 Dilthey, W.: Einleitung in die Geisteswissenschaften. Gesammelte Schriften. Bd. I. Stuttgart 1959, S. XVIII.

13 Dilthey, W.: Die geistige Welt. Gesammelte Schriften. Bd. VI. Leipzig/Berlin 1924, S. 57.

14 Siehe dazu auch Klafki, W.: Erziehungswissenschaft als kritisch-konstruktive Theorie: Hermeneutik, Empirie, Ideologiekritik. Zeitschrift für Pädagogik, 17 (1971), S. 354 ff. Ferner: Wulf, Ch.: Theorien und Konzepte der Erziehungswissenschaft. 2. Aufl. München 1978, S. 15 ff.

15 Bollnow, O. F.: Pädagogische Forschung und philosophisches Denken. In: Erziehungswissenschaft und Erziehungswirklichkeit. Frankfurt/M. 1967, S. 229.

16 Tenorth, H.-E.: Berufsethik, Kategorialanalyse, Methodenreflexion. Zeitschrift für Pädagogik 1 (1984), S. 58.

17 Mollenhauer, K.: Erziehung und Emanzipation. 7. Aufl. München 1977, S. 24.

18 Siehe dazu auch: Kapitel 3. 2.

19 Wulf, Ch.: Theorien und Konzepte der Erziehungswissenschaft, a.a.O., S. 66.

20 Brezinka, W.: Metatheorie der Erziehung. München 1985, S. 35. Außer am kritischen Rationalismus von Popper und Albert und am Konstruktivismus von V. Kraft, denen eine zentrale Stellung im Brezinkaschen Ansatz zukommt, orientiert sich der Autor u. a. an den folgenden Repräsentanten der analytischen Philosophie: C. G. Hempel, H. Feigl, E. Nagel, M. Bunge, W. Stegmüller, G. H. v. Whright, E. Topitsch, H. Lenk, R. Wohlgenannt.

21 Siehe zur Darstellung und zur Kritik der Brezinkaschen empirischen Erziehungswissenschaft: Wagner, H.-J.: Der Erfahrungsbegriff des Positivismus, der kritischen Theorie und der objektiven Hermeneutik und seine Implikationen für die empirische Sozialforschung. Diss. FU Berlin 1981, S. 30-36.

22 Klafki, W.: Erziehungswissenschaft als kritisch-konstruktive Theorie: Hermeneutik-Empirie-Ideologiekritik, a.a.O., S. 378.

23 Klafki, W., a.a.O., S. 379f.

24 Siehe dazu u. a. : Oevermann, U.: Zur Sache. In: Adorno-Konferenz 1983. Frankfurt/M. 1983, S. 234 ff., insbes. S. 255 f.; S. 285, Fußnote 4. Ferner: Wulf, Ch. & Wagner, H.-J.: Lebendige Erfahrung und Nicht-Identität. In: Kritische Theorie und Pädagogik der Gegenwart. Weinheim 1987, S. 27-30, S. 39.

25 Klafki, W.: Erziehungswissenschaft als kritisch-konstruktive Theorie, a.a.O., S. 382f.

26 Mollenhauer, K.: Theorien zum Erziehungsprozeß, a.a.O.; ders.: Erziehung und Emanzipation, a.a.O. Zu weiteren Versuchen der Konzeptualisierung einer kritischen Erziehungswissenschaft, die allerdings hinter dem Mollenhauerschen Konzept einer kommunikationstheoretisch orientierten kritischen Erziehungswissenschaft zurückbleiben und für die die oben formulierte Kritik mehr oder weniger gilt, siehe u. a.: Blankertz, H.: Bildungstheorie und Ökonomie. In: Texte zur Schulreform. Weinheim 1966, S. 61 ff.; Dahmer, I.: Erziehungswissenschaft als kritische Theorie und ihre Funktion in der Lehrerbildung. Didactica, Teil I, 3, 1969, S. 16-32 ; Teil II, 4, 1970, S. 157-165; Lempert, W.: Leistungsprinzip und Emanzipation. Frankfurt/M. 1971.

27 Benner, D.: Hauptströmungen der Erziehungswissenschaft, a.a.O., S. 319 ff.

Kapitel 2: Zur Konstitution einer Erziehungswissenschaft als Handlungswissenschaft

1 Siehe dazu: Wagner, H.-J.: Strukturen des Subjekts. (im Druck)

2 Siehe dazu: Kapitel 3 und 4.

3 Krappmann, L.: Mead und die Sozialisationsforschung. In: Das Problem der Intersubjektivität. Hrsg.: H. Joas. Frankfurt/M. 1985, S. 170.

4 Krappmann, L., a.a.O., S. 175. Siehe dazu auch: Noam. G. & Kegan, R.: Soziale Kognition und Psychodynamik: Auf dem Wege zu einer klinischen Entwicklungspsychologie. In: Perspektivität und Interpetation. Frankfurt/M. 1982, S. 422-457.

5 Benner, D.: Hauptströmungen der Erziehungswissenschaft, a.a.O., S. 330.

6 Mead, G. H.: Philosophie der Sozialität. Frankfurt/M. 1969, S. 264.

7 Siehe dazu: Kapitel 3 und Kapitel 4.

8 Benner, D.: Hauptströmungen der Erziehungswissenschaft, a.a.O., S. 330.

9 Oevermann, U.: Versozialwissenschaftlichung der Identitätsformation und Verweigerung von Lebenspraxis. Manuskript, Frankfurt/M. 1983, S. 5.

10 Cook, G. A.: Moralität und Sozialität bei Mead. In: Das Problem der Intersubjektivität. Frankfurt/M. 1985, S. 139 f.

11 Kuhn, T. S.: Die Struktur wissenschaftlicher Revolutionen. Frankfurt/M. 1977. S. 155.

12 Benner, D.: Hauptströmungen der Erziehungswissenschaft, a.a.O., S. 321.

Kapitel 3: Der Strukturzusammenhang von Theorie, Praxis und Empirie in der pädagogischen Handlung – E. Wenigers geisteswissenschaftlicher und D. Benners praxeologisch-erfahrungswissenschaftlicher Ansatz

1 Weniger, E.: Theorie und Praxis in der Erziehung. In: Ders.: Die Eigenständigkeit der Erziehung in Theorie und Praxis. 3. Aufl. Weinheim 1964, S. 10.

2 Ebd.

3 Weniger, E., a.a.O., S. 16.

4 Ebd.

5 Siehe dazu auch: Wulf, Ch.: Theorien und Konzepte der Erziehungswissenschaft, a.a.O., S. 51.

6 Weniger, E., a.a.O., S. 16.

7 Weniger, E., a.a.O., S. 17.

8 Ebd.

9 Weniger, E., a.a.O., S. 19.

10 Ebd.

11 Weniger, E., a.a.O., S. 19 f.

12 Benner, D.: Hauptströmungen der Erziehungswissenschaft, a.a.O., S. 321 f.

13 Benner, D., a.a.O., S. 323.

14 Ebd.

15 Ebd.

16 Benner, D., a.a.O., S. 323 f.

17 Benner, D., a.a.O., S. 324.

18 Siehe dazu: Kapitel 4.

19 Benner, D., a.a.O., S. 324.

20 Benner, D., a.a.O., S: 324 f.

21 Benner, D., a.a.O., S. 325.

22 Benner, D., a.a.O., S. 325f.

23 Benner, D., a.a.O., S. 326.

24 Benner, D., a.a.O., S. 326f.

25 Benner, D., a.a.O., S. 328.

26 Ebd.

27 Benner, D., a.a.O., S. 328 f.

28 Benner, D., a.a.O., S. 329 f.

29 Benner, D., a.a.O., S. 330.

30 Ebd.

31 Ebd.

32 Ebd.

33 Ebd.

34 Ebd.

35 Benner, D., a.a.O., S. 331.

36 Ebd.

Kapitel 4: Der Strukturzusammenhang von Theorie, Praxis und Empirie im pädagogischen Akt und die Begründung der Erziehungswissenschaft als theoretische und praktische Handlungswissenschaft aus strukturalistischer Sicht.

1 Oevermann, U.: Hermeneutische Sinnrekonstruktion: Als Therapie und Pädagogik mißverstanden, oder: Das notorische strukturtheoretische Defizit pädagogischer Wissenschaft. In: Brauchen wir andere Forschungsmethoden? Beiträge zur Diskussion interpretativer Verfahren. Frankfurt/M. 1983, S. 151 f.

Schluß

1 Zur Systemtheorie Luhmanns siehe u. a.: Luhmann, N.: Sinn als Grundbegriff der Soziologie. In: Theorie der Gesellschaft oder Sozialtechnologie – Was leistet die Systemforschung?. Frankfurt/M. 1971, S. 25-100; Luhmann, N.: Moderne Systemtheorie als Form gesamtgesellschaftlicher Analyse. In: Theorie der Gesellschaft oder Sozialtechnologie – Was leistet die Systemforschung? Frankfurt/M. 1971, S. 7-24; Luhmann, N.: Soziologische Aufklärung. Bd. 1. Opladen 1970; Luhmann, N.: Soziologische Aufklärung. Bd. 2. Opladen 1975; Luhmann, N.: Zweckbegriff und Systemrationalität. Frankfurt/M. 1973; Luhmann, N. & Schorr, K. E. (Hrsg.): Zwischen Technologie und Selbstreferenz. Frankfurt/M. 1982; Luhmann, N. & Schorr, K. E.: Zwischen Intransparenz und Verstehen. Frankfurt/M. 1986.
Zum Ansatz der Erlanger Schule siehe u. a.: Kambartel, F.: Erfahrung und Struktur. Frankfurt/M. 1968; Kambartel, F. (Hrsg.): Praktische Philosophie und konstruktive Wissenschaftstheorie. Frankfurt/M. 1974; Schwemmer, O.: Philosophie der Praxis. Frankfurt/M. 1971; Lorenzen, P.: Methodisches Denken. Frankfurt/M. 1968; König, E.: Theorie der Erziehungswissenschaft. Bd. 1 u. 2. München 1975.
Zur Diskussion um die Antipädagogik, auf die hier nicht gesondert eingegangen werden kann, siehe u. a. die einschlägigen Veröffentlichungen von v. Braunmühl, E.; Kupffer, H.; v. Schoenebeck, H.; Miller, A.; Rogers, C.; Maslow, H.; zur Kritik an der antipädagogischen Position siehe u. a. Flitner, A.; Winkler, M.; Oelkers, J. & Lehmann, Th.
Zum Einstieg in die Diskussion um den Neostrukturalismus französischer Prägung und seine Bedeutung für die Erziehungswissenschaft siehe u. a. die Auseinandersetzung zwischen Mollenhauer, K.; Lenzen, D.; Benner, D. & Göstemeyer, K.-F. Zeitschrift für Pädagogik. 33, H. 1, 1987. Siehe dazu auch die Arbeiten von Wünsche, K., und Giesecke, H.

2 Fuchs, W.: Empirische Sozialforschung als politische Aktion. In: Zur Wissenschaftslogik einer kritischen Soziologie. Frankfurt/M. 1976, S. 170 f. Zur Aktionsforschung siehe u. a.: Haag, F., Krüger, H., Schwärzel, W. & Wildt, J. (Hrsg.): Aktionsforschung. 2. Aufl. München 1975; Kordes, H.: Pädagogische Aktionsforschung. In: Enzyklopädie Erziehungswissenschaft. Bd. 2. Stuttgart 1984, S. 185-219. Zinnecker, J., Stickelmann, D., Müller, E. & Heinze, Th.: Die Praxis von Handlungsforschung. München 1975; Klafki, W.: Handlungsforschung. In: Wörterbuch der Erziehung. 6. Aufl. München 1984, S. 267 ff.; Heinze, Th., Müller, E., Stickelmann, B. & Zinnecker, J.: Handlungsforschung im pädagogischen Feld. München 1975; Moser, H.: Aktionsforschung als kritische Theorie der Sozialwissenschaften. München 1975; Moser, H.: Methoden der Aktionsforschung. München 1977; Moser, H.: Anspruch und Selbstverständnis der Aktionsforschung. Zeitschrift für Pädagogik, 22 (1976), 3, S. 357-368; Gstettner, P.: Handlungsforschung unter dem Anspruch diskursiver Verständigung. Zeitschrift für Pädagogik, 22 (1976), 3, S. 321-333; Wellenreuther, M.: Handlungsforschung als naiver Empirismus? Zeitschrift für Pädagogik 22 (1976), 3, S. 343-356; Gruschka, A. (Hrsg.): Ein Schulversuch wird überprüft. Das Evaluationsdesign für die Kollegstufe NW als Konzept handlungsorientierter Begleitforschung. Frankfurt/M. 1976; Haeberlin, U.: Empirische Analyse und pädagogische Handlungsforschung. Zeitschrift für Pädagogik 21 (1975), 5, S. 653-676; Blankertz, H. & Gruschka,

A.: Handlungsforschung: Rückfall in die Empiriefeindlichkeit oder neue Erfahrungsdimension? Zum Beitrag von Haeberlin. Zeitschrift für Pädagogik 21 (1975), 5, S. 677-686; Mollenhauer, K. & Rittelmeyer, Ch.: „Empirisch-analytische Wissenschaft" versus „Pädagogische Handlungsforschung": Eine irreführende Alternative. Zeitschrift für Pädagogik 21 (1975), S. 687-693. Zur Darstellung und Kritik der Handlungsforschung siehe auch: Wulf, Ch.: Theorien und Konzepte der Erziehungswissenschaft, a.a.O., S. 208-232; Benner, D.: Hauptströmungen der Erziehungswissenschaft, a.a.O., S. 347 ff.

3 Fuchs, W.: Empirische Sozialforschung als politische Aktion, a.a.O., S. 173.

4 Klafki, W.: Handlungsforschung. In: Wörterbuch der Erziehung, a.a.O., S. 267 f.

5 Moser, H.: Anspruch und Selbstverständnis der Aktionsforschung. Zeitschrift für Pädagogik, 22 (1976), 3, S. 359.

6 Siehe dazu auch die Kritik Benners an der Aktionsforschung, mit der wir in wesentlichen Aspekten übereinstimmen: „Angesichts der über keine explizite pädagogische Handlungstheorie vermittelten Ineinssetzung von Forschung und (politischer) Aktion und der alternativlosen Streichung der klassischen Gütekriterien empirischer Sozialforschung erweist sich die Aktionsforschung als eine unbestimmte Negation der empirischen Sozialwissenschaft, in welcher sich deren eigene Schwächen und Grenzen zu erneuern drohen" (Benner, D.: Hauptströmungen der Erziehungswissenschaft, a.a.O., S. 349).

7 Moser, H.: Anspruch und Selbstverständnis der Aktionsforschung, a.a.O., S. 362 f.

8 Kordes, H.: Pädagogische Aktionsforschung, a.a.O., S. 202.

9 Oevermann, U.: Zur Sache, a.a.O., S. 255. Siehe dazu auch Wulf, Ch. & Wagner, H.-J.: Lebendige Erfahrung und Nicht-Identität. In: Kritische Theorie und Pädagogik der Gegenwart. Weinheim 1987, S. 21-39.

10 Moser, H.: Anspruch und Selbstverständnis der Aktionsforschung, a.a.O., S. 359.

11 Wagner, H.-J.: Wissenschaft und Lebenspraxis. Frankfurt/M./New York 1984, S. 79.

Literatur

Vorbemerkung:

In das Literaturverzeichnis wurden auch alle Titel aufgenommen, die im Kontext der Konstitution unseres erweiterten pragmatistisch-naturalistischen Ausgangsmodells von Bedeutung waren und die dem philosophischen und soziologischen Teil unserer Arbeit zugehören.

Adl-Amini, Bijan; Oelkers, Jürgen; Neumann, Dieter (Hrsg.): Pädagogische Theorie und erzieherische Praxis. Bern, Stuttgart 1979.

Adorno, Theodor W.: Negative Dialektik. 1. Aufl. Frankfurt/M. 1975.

Adorno, Theodor W.: Ästhetische Theorie. 3. Aufl. Frankfurt/M. 1977.

Adorno, Theodor W.: Zur Metakritik der Erkenntnistheorie. Studien über Husserl und die phänomenologischen Antinomien. Frankfurt/M. 1972.

Apel, Karl-Otto: Transformation der Philosophie. Bd. 1 u. 2. Frankfurt/M. 1973.

Apel, Karl-Otto: Der Denkweg von Charles S. Peirce. Eine Einführung in den amerikanischen Pragmatismus. Frankfurt/M. 1975.

Austin, John L.: Zur Theorie der Sprechakte. Stuttgart 1972 (Originaltitel: How to do things with words. Oxford 1962).

Baacke, Dieter: Aspekte einer Vermittlung von Kommunikations- und Erziehungswissenschaft. In: Realistische Erziehungswissenschaft. Hrsg: D. Hoffmann; H. Tütken. Hannover 1972. S. 11-36.

Benner, Dietrich: Hauptströmungen der Erziehungswissenschaft. Eine Systematik traditioneller und moderner Theorien. 2., neub. u. erw. Aufl. München 1978.

Benner, Dietrich: Die praxeologisch-erfahrungswissenschaftliche Position im Positivismusstreit. In: Der Positivismusstreit in der deutschen Erziehungswissenschaft. Hrsg.: W. Büttemeyer; B. Möller. München 1979. S. 45-69.

Benner, Dietrich: Grundstrukturen pädagogischen Denkens und Handelns. In: Enzyklopädie Erziehungswissenschaft. Bd. 1 . Stuttgart 1983. S. 283 ff.

Benner, Dietrich: Johann-Friedrich Herbart: Systematische Pädagogik. Stuttgart 1986.

Benner, Dietrich; Schmidt-Kowarzik, Wolfdietrich: Prolegomena zur Grundlegung der Pädagogik. Bd. I: Herbarts praktische Philosophie und Pädagogik. Ratingen 1967.

Blankertz, Herwig: Pädagogische Theorie und empirische Forschung. Neue Folge der Ergänzungshefte zur Vierteljahresschrift für wissenschaftliche Pädagogik, Heft 5, Bochum 1966, S. 65-78.

Blankertz, Herwig: Pädagogik unter wissenschaftstheoretischer Kritik. In: Erziehungswissenschaft 1971. Zwischen Herkunft und Zukunft der Gesellschaft. Hrsg.: S. Oppholzer. Wuppertal, Ratingen 1971. S. 20-33.

Blankertz, Herwig; Gruschka, Andreas: Handlungsforschung: Rückfall in die Empiriefeindlichkeit oder neue Erfahrungsdimension? Zum Beitrag von Urs Haeberlin. Zeitschrift für Pädagogik 21 (1975), 5, S. 677-686.

Blankertz, Herwig: Bildungstheorie und Ökonomie. In: Texte zur Schulreform. Hrsg.: K. H. Rebel. Weinheim 1966. S. 61ff.

Blochmann, Elisabeth: Der pädagogische Takt. Die Sammlung (5) 1950, S. 712-720.

Blumer, Herbert: Social Psychology. In: Schmidt, E. P. (ed.): Man and Society. New York 1938. S. 144-198.

Blumer, Herbert: Der methodologische Standort des symbolischen Interaktionismus. In: Alltagswissen, Interaktion und gesellschaftliche Wirklichkeit. Bd. 1. Reinbek 1973. S. 80-146.

Bollnow, Otto Friedrich: Pädagogische Forschung und philosophisches Denken. In: Erziehungswissenschaft und Erziehungswirklichkeit. Hrsg.: H. Röhrs. Frankfurt/M. 1967.

Bourdieu, Pierre: Entwurf einer Theorie der Praxis auf der ethnologischen Grundlage der kabylischen Gesellschaft. Frankfurt/M. 1979.

Bourdieu, Pierre: Zur Soziologie der symbolischen Formen. Frankfurt/M. 2. Aufl. 1983.

Bourdieu, Pierre: Die feinen Unterschiede. Kritik der gesellschaftlichen Urteilskraft. Frankfurt/M. 1982.

Brezinka, Wolfgang: Metatheorie der Erziehung. München 1978.

Broyer, John Albin: Mead's Ethical Theory. In: Corti, W. R. (ed.): The Philosophy of G. H. Mead. Winterthur 1973. S. 171-192.

Brüggen, Friedhelm: Strukturen pädagogischer Handlungstheorie. Freiburg, München 1980.

Burke, Richard: G. H. Mead and the Problem of Metaphysics. Philosophy and Phenomenological Research 23 (1962/63), S. 81-88.

Chang, Yen-Ling: The Problem of Emergence: Mead and Whitehead. Kinesis 2 (1970), S. 69-80.

Chomsky, Noam: Regeln und Repräsentationen. Frankfurt/M. 1981.

Chomsky, Noam: Sprache und Geist. 2. Aufl. Frankfurt/M. 1980.

Chomsky, Noam: Aspekte der Syntax-Theorie. 2. Aufl. Frankfurt/M. 1978.

Chomsky, Noam: Reflexionen über Sprache. Frankfurt/M. 1977.

Cook, Gary Allan: The self as moral agent. Diss. 1965/66 (Yale).

Cook, Gary Allan: The Development of G. H. Mead's Social Psychology. Transactions of the Ch. S. Peirce Society 8 (1972), S. 167-186.

Cook, Gary Allan: Whithehead's Influence on the Thought of G. H. Mead. Transactions of the Ch. S. Peirce Society 15 (1979), S. 107-131.

Cook, Gary Allan: Moralität und Sozialität bei Mead. In: Das Problem der Intersubjektivität. Neuere Beiträge zum Werk George Herbert Meads. Hrsg.: H. Joas. Frankfurt/M. 1985. S. 131-155.

Corti, Walter Rolbert (ed.): The Philosophy of George Herbert Mead. Winterthur 1973.

Cronk, George Francis: G. H. Mead on Time and Action. Diss. 1972 (University of Southern Illinois).

Dahmer, Ilse: Theorie und Praxis. In: Geisteswissenschaftliche Pädagogik am Ausgang ihrer Epoche – Erich Weniger. Hrsg.: I. Dahmer; W. Klafki. Weinheim, Berlin 1968. S. 35-80.

Dahmer, Ilse: Erziehungswissenschaft als kritische Theorie und ihre Funktion in der Lehrerbildung. Didactica, Teil I, 3, 1969, S. 16-32; Teil II, 4, 1970, S. 157-165.

Desmonde, William: G. H. Mead and Freud: American Social Psychology and Psychoanalysis. Psychoanalysis 4/5, 1955/56, S. 31-50.

Dewey, John: Reconstruction in Philosophy. New York 1920.

Dewey, John: The Reflex Arc Concept in Psychology. In: The Early Works 5. Carbondale, Ill. 1972. S. 96-109.

Dewey, John: Democracy and Education. New York 1916.

Dewey, John: Human, Nature and Conduct. New York 1922.

Dewey, John: How we think. Rev. Ed. New York 1933.

Dewey, John: The Child and the Curriculum. New York 1955.

Dewey, John u. Kilpatrick, W. H.: Der Projekt-Plan – Grundlegung und Praxis (Pädagogik des Auslands. Hrsg. v. Peter Petersen, Bd. VI). Weimar 1935.

Dewey, John: Experience and Nature. New York 1925.

Dewey, John: Experience and Education. New York 1938.

Dilthey, W.: Einleitung in die Geisteswissenschaften. Gesammelte Schriften. Bd. I. Stuttgart 1959.

Dilthey, W.: Die geistige Welt. Einleitung in die Philosophie des Lebens. Gesammelte Schriften. Bd. VI. Leipzig, Berlin 1924.

Doan, Frank M: Notations on G. H. Mead's Principle of Sociality with Special Reference to Transformations. Journal of Philosophy 53 (1956), S. 607-615.

Eames, Elizabeth R.: Mead's Concept of Time. In: Corti, W. R. (ed.): The Philosophy of G. H. Mead. Winterthur 1973. S. 59-81.

Etkins, Richard: G. H. Mead: Contributions to a Philosophy of Sociological Knowledge. Diss. 1978 (University of London).

Fen, Sing-Nan: Present and Re-Presentation: A Discussion of Mead's Philosophy of the Present. Philosophical Review 60 (1951), S. 545-550.

Flitner, Wilhelm: Das Selbstverständnis der Erziehungswissenschaft in der Gegenwart. Heidelberg 1963.

Flitner, Wilhelm: Stellung und Methode der Erziehungswissenschaft (1956). In: Pädagogik als Wissenschaft. Hrsg.: F. Nicolin. Darmstadt 1969. S. 370-379.

Freud, Sigmund: Gesammelte Werke (18 Bände). Bände 1-17 London 1940-52. Band 18 Frankfurt/M. 1968.

Fuchs, Werner: Empirische Sozialforschung als politische Aktion. In: Zur Wissenschaftslogik einer kritischen Soziologie. Hrsg.: J. Ritsert. Frankfurt/M. 1976. S. 147-174.

Gehlen, Arnold: Der Mensch. Frankfurt/M. 1971.

Gehlen, Arnold: Urmensch und Spätkultur. Frankfurt/M. 1956.

Gehlen, Arnold: Moral und Hypermoral. Frankfurt/M. 1969.

Geulen, Dieter: Das vergesellschaftete Subjekt. Frankfurt/M. 1977.

Geulen, Dieter: Soziales Handeln und Perspektivenübernahme. In: Perspektivenübernahme und soziales Handeln. Texte zur sozial-kognitiven Entwicklung. Hrsg.: D. Geulen. Frankfurt/M. 1982. S. 24-72.

Geulen, Dieter (Hrsg.): Perspektivenübernahme und soziales Handeln. Texte zur sozialkognitiven Entwicklung. Frankfurt/M. 1982.

Goffman, Erving: Encounters. Two Studies in the Sociology of Interaction. Indianapolis 1961.

Goffman, Erving: Stigma. Notes on the Management of Spoiled Identity. Englewood Cliffs 1963.

Gruschka, Andreas (Hrsg.): Ein Schulversuch wird überprüft. Das Evaluationsdesign für die Kollegstufe NW als Konzept handlungsorientierter Begleitforschung. Frankfurt/M. 1976.

Gstettner, Peter: Handlungsforschung unter dem Anspruch diskursiver Verständigung. Zeitschrift für Pädagogik, 22 (1976), 3, S. 321-333.

Haag, Fritz; Krüger, Helga; Schwärzel, Wiltrud; Wildt, Johannes (Hrsg.): Aktionsforschung. Forschungsstrategien, Forschungsfelder und Forschungspläne. 2. Aufl. München 1975.

Habermas, Jürgen: Erkenntnis und Interesse. Frankfurt/M. 1968.

Habermas, Jürgen: Zur Logik der Sozialwissenschaften. Frankfurt/M. 1970.

Habermas, Jürgen: Technik und Wissenschaft als „Ideologie". 8. Aufl. Frankfurt/M. 1976.

Habermas, Jürgen: Theorie des kommunikativen Handelns. Bd. 1 u. 2. Frankfurt/M. 1981.

Haeberlin, Urs: Empirische Analyse und pädagogische Handlungsforschung. Zeitschrift für Pädagogik 21 (1975), 5, S. 653-676.

Hegel, Georg Wilhelm Friedrich: Enzyklopädie der philosophischen Wissenschaften I. Bd. 8. Frankfurt/M. 1971.

Heinze, Thomas; Müller, Ernst; Stickelmann, Bernd; Zinnecker, Jürgen: Handlungsforschung im pädagogischen Feld. München 1975.

Herbart, Johann Friedrich: Umriß pädagogischer Vorlesungen (1835). In: ders., Umriß pädagogischer Vorlesungen. Rede bei Eröffnung der Vorlesungen über Pädagogik. Aphorismen zur Pädagogik. Hrsg.: J. Esterhues. Paderborn 1957.

Herbart, Johann Friedrich: Rede bei der Eröffnung der Vorlesungen über Pädagogik (1802). In: ders., Umriß pädagogischer Vorlesungen. Rede bei Eröffnung der Vorlesungen über Pädagogik. Aphorismen zur Pädagogik. Hrsg.: J. Esterhues. Paderborn 1957.

Holling, Heinz; Merkens, Hans: Anwendungsorientierte Erziehungsforschung. In: Enzyklopädie Erziehungswissenschaft. Bd. 2. Stuttgart 1984. S. 109-141.

Honneth, Axel: Die zerrissene Welt der symbolischen Formen. Zum kultursoziologischen Werk Pierre Bourdieus. Kölner Zeitschrift für Soziologie und Sozialpsychologie 36 (1984), S. 147-164.

Horkheimer, Max; Adorno, Theodor W.: Dialektik der Aufklärung. Frankfurt/M. 1971.

Husserl, Edmund: Die Krisis der europäischen Wissenschaften und die transzendentale Phänomenologie. The Hague 1954.

Joas, Hans: Praktische Intersubjektivität. Die Entwicklung des Werkes von G. H. Mead. Frankfurt/M. 1980.

Joas, Hans (Hrsg.): Das Problem der Intersubjektivität. Neuere Beiträge zum Werk George Herbert Meads. Frankfurt/M. 1985.

Joas, Hans: Einleitung: Neuere Beiträge zum Werk George Herbert Meads. In: Das Problem der Intersubjektivität. Neuere Beiträge zum Werk George Herbert Meads. Hrsg.: H. Joas. Frankfurt/M. 1985. S. 7-25.

Joas, Hans: G. H. Mead. In: Klassiker des soziologischen Denkens. Bd. 2. Hrsg.: D. Käsler. München 1978. S. 7-39.

Joas, Hans: Intersubjektivität bei Mead und Gehlen. Archiv für Rechts- und Sozialphilosophie 65 (1979), S. 105-121.

Jones, Martin Monroe: The Categorial Concept of Emergence in the Philosophy of G. H. Mead. Diss. 1970 (Tulane University).

Kambartel, Friedrich: Erfahrung und Struktur. Bausteine zu einer Kritik des Empirismus und Formalismus. Frankfurt/M. 1968.

Kambartel, Friedrich (Hrsg.): Praktische Philosophie und konstruktive Wissenschaftstheorie. Frankfurt/M. 1974.

Kellner, Hansfried (Hrsg.): George H. Mead: Philosophie der Sozialität. Frankfurt/M. 1969.

Kellner, Hansfried: Einleitung. In: George H. Mead: Philosophie der Sozialität. Hrsg.: H. Kellner.Frankfurt/M. 1969. S. 9-35.

Keen, Tom Clifton: Mead's Social Theory of Meaning and Experience. Diss. 1968 (Columbus, Ohio).

Klafki, Wolfgang: Handlungsforschung. In: Wörterbuch der Erziehung. Hrsg.: Ch. Wulf. 6. Aufl. München 1984. S. 267 ff.

Klafki, Wolfgang: Der zweifache Ansatz Herbarts zur Begründung der Pädagogik als Wissenschaft. In: Herbart. Interpretation und Kritik. München 1971. S. 81-111.

Klafki, Wolfgang: Erziehungswissenschaft als kritisch-konstruktive Theorie: Hermeneutik, Empirie, Ideologiekritik. Zeitschrift für Pädagogik, 17 (1971), S. 354 ff.

König, Eckhard: Theorie der Erziehungswissenschaft. Bd. 1 u. 2. München 1975.

Kordes, Hagen: Pädagogische Aktionsforschung. In: Enzyklopädie Erziehungswissenschaft. Bd. 2. Stuttgart 1984. S. 185-219.

Kraft, Viktor: Erkenntnislehre. Wien 1960.

Kraft, Viktor: Die Grundformen der wissenschaftichen Methoden. Wien 1925.

Krappmann, Lothar: Soziologische Dimensionen der Identität. Strukturelle Bedingungen für die Teilnahme an Interaktionsprozessen. Stuttgart 1971.

Krappmann, Lothar: Neuere Rollenkonzepte als Erklärungsmöglichkeit für Sozialisationsprozesse. In: Familienerziehung, Sozialstatus und Schulerfolg, hrsg. von der b:e Redaktion. Weinheim 1971. S. 161-183.

Krappmann, Lothar: Mead und die Sozialisationsforschung. In: Das Problem der Intersubjektivität. Neuere Beiträge zum Werk George Herbert Meads. Hrsg.: H. Joas. Frankfurt/M. 1985. S. 156-178.

Kuhn, Manford H.: Major Trends in Symbolic Interaction Theory in the Past Twenty-Five Years. In: J. G. Manis/B. N. Meltzer: Symbolic Interaction. Boston 1973. S. 57-76.

Kuhn, Thomas S.: Die Entstehung des Neuen. Studien zur Struktur der Wissenschaftsgeschichte. Frankfurt/M. 1977.

Kuhn, Thomas S.: Die Struktur wissenschaftlicher Revolutionen. 2. Aufl. Frankfurt/M. 1976.

Lee, Harald N.: Mead's Doctrine of the Past. Tulane Studies in Pilosophy 12 (1963), S. 52-75.

Lempert, Wolfgang: Leistungsprinzip und Emanzipation. Frankfurt/M. 1971.

Lévi-Strauss, Claude: Die elementaren Strukturen der Verwandtschaft. Frankfurt/M. 1980.

Lévi-Strauss, Claude: Strukturale Anthropologie. Bd. 1. 2. Aufl. Frankfurt/M. 1981.

Lewis, David J.; Smith, Richard L.: American Sociology and Pragmatism: Mead, Chicago Sociology, and Symbolic Interaction. Chicago 1980.

Loch, Werner: Einleitung zu: Lurija, A. R.; Judowitsch, F. I.: Die Funktion der Sprache in der geistigen Entwicklung des Kindes. Düsseldorf 1970.

Lorenz, Konrad: Kants Lehre vom Apriorischen im Lichte gegenwärtiger Biologie. Blätter für Deutsche Philosophie, Vol. 15, 1941, S. 94-125.

Lorenzen, Paul: Konstruktive Wissenschaftstheorie. Frankfurt/M. 1974.

Lorenzen, Paul: Methodisches Denken. Frankfurt/M. 1968.

Luhmann, Niklas: Sinn als Grundbegriff der Soziologie. In: Theorie der Gesellschaft oder Sozialtechnologie – Was leistet die Systemforschung? Hrsg.: J. Habermas; N. Luhmann. Frankfurt/M. 1971. S. 25-100.

Luhmann, Niklas: Moderne Systemtheorie als Form gesamtgesellschaftlicher Analyse. In: Theorie der Gesellschaft oder Sozialtechnologie – Was leistet die Systemforschung? Hrsg.: J. Habermas; N. Luhmann. Frankfurt/M 1971. S. 7-24.

Luhmann, Niklas: Soziologische Aufklärung. Bd. 1. Opladen 1970.

Luhmann, Niklas: Soziologische Aufklärung. Bd. 2. Opladen 1975.

Luhmann, Niklas: Zweckbegriff und Systemrationalität. Über die Funktion von Zwecken in sozialen Systemen. Frankfurt/M. 1973.

Luhmann, Niklas; Schorr, Karl Eberhard (Hrsg.): Zwischen Technologie und Selbstreferenz. Fragen an die Pädagogik. Frankfurt/M. 1982.

Luhmann, Niklas; Schorr, Karl-Eberhard: Zwischen Intransparenz und Verstehen. Frankfurt/M. 1986.

Mauss, Marcel: Die Gabe. Form und Funktion des Austauschs in archaischen Gesellschaften. Frankfurt/M. 1986.

McKinney, John C.: The Contribution of G. H. Mead to the Sociology of Knowledge. Social Forces 34 (1955), S. 144-149.

McKinney, John C.: G. H. Mead and the Philosophy of Science. Philosophy of Science 22 (1955), S. 264-271.

McPhail, Clark; Rexroat, Cynthia: Mead vs. Blumer: The Divergent Methodological Perspectives of Social Behaviorism and Symbolic Interactionism. American Sociological Review 44 (1979), S. 449-467.

Mead, George Herbert: Mind, Self, and Society. Edited by Ch. W. Morris. Chicago 1934.

Mead, George Herbert: The Philosophy of the Present. Edited by A. E. Murphy. La Salle (Ill.) 1932.

Mead, George Herbert: The Philosophy of the Act. Edited by Ch. W. Morris et al. Chicago 1938.

Mead, George Herbert: Movements of Thought in the Nineteenth Century. Edited by M. H. Moore. Chicago 1936.

Mead, George Herbert: Selected Writings. Edited by A. Reck. Indianapolis 1964.

Mead, George Herbert: On Social Psychology. Edited by A. Strauss. Chicago 1956.

Mead, George Herbert: The Relations of Psychology and Philology. Psychological Bulletin 1 (1904), S. 375-391.

Mead, George Herbert: Rezension: G. Class: Untersuchungen zur Phänomenologie und Ontologie des menschlichen Geistes. American Journal of Theology 1 (1987), S. 789-792.

Mead, George Herbert: Rezension: E. W. Hobson: The Domain of Natural Science. Journal of Religion 4 (1924), S. 324-327.

Deutsche Übersetzungen des Meadschen Werkes:

Mead, George Herbert: Geist, Identität und Gesellschaft. Frankfurt/M. 1968.

Mead, George Herbert: Philosophie der Sozialität. Hrsg.: H. Kellner. Frankfurt/M. 1969.

Mead, George Herbert: Gesammelte Aufsätze. Bd. 1 u. 2. Hrsg.: H. Joas. Frankfurt/M. 1980.

Mead, George Herbert: Sozialpsychologie. Hrsg.: A. Strauss. Neuwied 1969.

Miller, David L.: G. H. Mead. Self, Language, and the World. Austin/Texas 1973.

Miller, David L.: Mead's Theory of Universals. In: Corti, W. R. (ed.): The Philosophy of G. H. Mead. Winterthur 1973. S. 89-106.

Miller, David L.: Mead's Theory of Universals. In: Corti, W. R. (ed.): The Philosophy of G. H. Mead. Winterthur 1973. S. 89-106.

Miller, David L.: Josiah Royce and G. H. Mead on the Nature of the Self. Transactions of the Ch. S. Peirce Society 11 (1975), No. 2, S. 67-89.

Mollenhauer, Klaus: Theorien zum Erziehungsprozeß. 3. Aufl. München 1976.

Mollenhauer, Klaus: Erziehung und Emanzipation. 7. Aufl. München 1977.

Mollenhauer, Klaus; Rittelmeyer, Christian: „Empirisch-analytische Wissenschaft" versus „Pädagogische Handlungsforschung": Eine irreführende Alternative. Zeitschrift für Pädagogik 21 (1975), S. 687-693.

Morris, Charles W.: Pragmatische Semiotik und Handlungstheorie. Frankfurt/M. 1977.

Morris, Charles W.: Peirce, Mead and Pragmatism. Philosophical Review 47 (1938), S. 109-127.

Morris, Charles W.: G. H. Mead: Die Wissenschaftstheorie eines Pragmatisten. In: Pragmatische Semiotik und Handlungstheorie. Hrsg.: Ch. W. Morris. Frankfurt/M. 1977. S. 167-176.

Moser, Heinz: Aktionsforschung als kritische Theorie der Sozialwissenschaften. München 1975.

Moser, Heinz: Methoden der Aktionsforschung. München 1977.

Moser, Heinz: Anspruch und Selbstverständnis der Aktionsforschung. Zeitschrift für Pädagogik, 22 (1976), 3, S. 357-368.

Murphy, Arthur E.: Concerning Mead's „Philosophy of the Act". Journal of Philosophy 36 (1939), S. 85-103.

Natanson, Maurice: The Social Dynamics of G. H. Mead. Washington 1956.

Natanson, Maurice: G. H. Mead's Metaphysics of Time. Journal of Philosophy 50 (1953), S. 770-782.

Noam, G., u. Kegan, R.: „Soziale Kognition und Psychodynamik: Auf dem Wege zu einer klinischen Entwicklungspsychologie". In: Perspektivität und Interpretation. Hrsg.: W. Edelstein; M. Keller. Frankfurt/M. 1982. S. 422-457.

Oevermann, Ulrich: Sprache und soziale Herkunft. Ein Beitrag zur Analyse schichtenspezifischer Sozialisationsprozesse und ihrer Bedeutung für den Schulerfolg. Frankfurt/M. 1970.

Oevermann, Ulrich: Die Architektonik von Kompetenztheorien und ihre Bedeutung für eine Theorie der Bildungsprozesse. Unveröffentlichtes Manuskript. Berlin 1973.

Oevermann, Ulrich u.a.: Beobachtungen zur Struktur der sozialisatorischen Interaktion. Theoretische und methodologische Fragen der Sozialisationsforschung. In: Seminar: Kommunikation, Interaktion, Identität. Hrsg.: M. Auwärter u.a. Frankfurt/M. 1977. S. 371-403.

Oevermann, Ulrich u. a.: Die Methodologie einer „objektiven Hermeneutik" und ihre allgemeine forschungslogische Bedeutung in den Sozialwissenschaften. In: Interpretative Verfahren in den Sozial- und Textwissenschaften. Hrsg.: H.-G. Soeffner. Stuttgart 1979. S. 352-434.

Oevermann, Ulrich: Eine soziologische Interpretation der psychoanalytischen Theorie und Methode S. Freuds. Vorlesung vom Wintersemester 1979/80 und Sommersemester 1980 an der Universität Frankfurt/M. (Unveröffentlichte Mitschrift).

Oevermann, Ulrich: Versozialwissenschaftlichung der Identitätsformation und Verweigerung von Lebenspraxis. Eine aktuelle Variante der Dialektik der Aufklärung. Manuskript. Frankfurt/M. 1983 (jetzt in: Burkhart, L. (Hrsg.): Soziologie und gesellschaftliche Entwicklung. Frankfurt/M. 1985. S. 463-474.

Oevermann, Ulrich: Sozialisationstheorie. Ansätze zu einer soziologischen Sozialisationstheorie und ihre Konsequenzen für die allgemeine soziologische Analyse. Kölner Zeitschrift für Soziologie und Sozialpsychologie, Sonderheft 21, Opladen 1979, S. 143-168.

Oevermann, Ulrich; Konau, Elisabeth: Struktureigenschaften sozialisatorischer und therapeutischer Interaktion. Unveröffentlichter Projektantrag. April 1980.

Oevermann, Ulrich: Kontroversen über sinnverstehende Soziologie. Einige wiederkehrende Probleme und Mißverständnisse in der Rezeption der „objektiven Hermeneutik". In: Handlung und Sinnstruktur. Bedeutung und Anwendung der objektiven Hermeneutik. Hrsg.: St. Aufenanger; M. Lenssen. München 1986. S. 19-83.

Oevermann, Ulrich: Zur Sache. Die Bedeutung von Adornos methodologischem Selbstverständnis für die Begründung einer materialen soziologischen Strukturanalyse. In: Adorno-Konferenz 1983. Hrsg.: L. v. Friedeburg; J. Habermas. Frankfurt/M. 1983. S. 234-289.

Oevermann, Ulrich: Programmatische Überlegungen zu einer Theorie der Bildungsprozesse und zur Strategie der Sozialisationsforschung. In: Sozialisation und Lebenslauf. Hrsg.: K. Hurrelmann . Hamburg 1976. S. 34-52.

Oevermann, Ulrich: Fallrekonstruktion und Strukturgeneralisierung als Beitrag der objektiven Hermeneutik zur soziologisch-strukturtheoretischen Analyse. Frankfurt/M. 1981 (Unveröffentlichtes Manuskript).

Oevermann, Ulrich: Hermeneutische Sinnrekonstruktion: Als Therapie und Pädagogik mißverstanden, oder: Das notorische strukturtheoretische Defizit pädagogischer Wissenschaft. In: Brauchen wir andere Forschungsmethoden? Beiträge zur Diskussion interpretativer Verfahren. Hrsg.: D. Garz; K. Kraimer. Monographien/Pädagogik, Bd. 33, Scriptor,. Frankfurt/M. 1983, S. 113-155.

Peirce, Charles S.: Collected Papers. Vol. I-VI, ed. by Ch. Hartshorne and P. Weiss, Harvard University Press, Cambridge/Mass., 1931-1935, [2]1960, Vol. VII-VIII, ed. by A. W. Burks, Harvard University Press, Cambridge 1958.

Peirce, Charles S.: Schriften zum Pragmatismus und Pragmatizismus. Hrsg.: K.-O. Apel. Frankfurt/M. 1976.

Pfuetze, Paul E.: Self, Society, Existence. Human Nature and Dialogue in the Thought of G. H. Mead and Martin Buber. New York 1961.

Piaget, Jean: Das moralische Urteil beim Kinde. Frankfurt/M. 1973.

Piaget, Jean: Biologie und Erkenntnis. Frankfurt/M. 1974.

Piaget, Jean: Einführung in die genetische Erkenntnistheorie. Frankfurt/M. 1973.

Piaget, Jean: Der Aufbau der Wirklichkeit beim Kinde. Stuttgart 1974.

Piaget, Jean: Die Psychologie des Kindes. Frankfurt/M. 1977.

Piaget, Jean: Psychologie der Intelligenz. München 1974.

Picht, Georg: Der Sinn der Unterscheidung von Theorie und Praxis in der griechischen Philosophie. Zeitschrift für evangelische Ethik VIII (1964), S. 321-342.

Prange, Klaus: Pädagogik als Erfahrungsprozeß. Bd. 1 u. 2. Stuttgart 1978.

Raiser, Konrad: Identität und Sozialität. George Herbert Meads Theorie der Interaktion und ihre Bedeutung für die theologische Anthropologie. München 1971.

Reck, Andrew: The Philosophy of G. H. Mead. Tulane Studies in Philosophy 12 (1963), S. 5-51.

Ricoeur, Paul: „Der Text als Modell: hermeneutisches Verstehen". In: Verstehende Soziologie. Hrsg.: W. L. Bühl. München 1972. S. 253-283.

Ricoeur, Paul: Die Interpretation. Ein Versuch über Freud. Frankfurt/M. 1969.

Rosenthal, Sandra: Peirce, Mead, and the Logic of Concepts. Transactions of the Ch. S. Peirce Society 5 (1969), S. 173-187.

Rosenthal, Sandra: Mead, Merleau-Ponty, and the Lived Perceptual World. Philosophy Today 21 (1977), No. 1, S. 56-61.

Rousseau, Jean-Jacques: Emil oder über die Erziehung. Hrsg.: J. Esterhues. 3. Aufl. Paderborn 1963.

Scheffler, Israel: Four Pragmatists. London 1974.

Schleiermacher, Friedrich: Pädagogische Schriften. Hrsg.: E. Weniger. 2 Bde. Düsseldorf 1957.

Schwemmer, Oswald: Philosophie der Praxis. Frankfurt/M. 1971.

Schwenk, Bernhard: Das Herbartverständnis der Herbartianer. Weimheim 1963.

Searle, John R.: Sprechakte. Ein sprachphilosophischer Essay. Frankfurt/M. 1971 (Originaltitel: Speech Acts. London 1969).

Searle, John R.: Ausdruck und Bedeutung. Untersuchungen zur Sprechakttheorie. Frankfurt/M. 1982 (Originaltitel: Expression and Meaning. Cambridge 1979).

Searle, John R.: Theorie der menschlichen Kommunikation und Philosophie der Sprache – Einige Bemerkungen. In: Sprachanalyse und Soziologie. Die sozialwissenschaftliche Relevanz von Wittgensteins Sprachphilosophie. Hrsg.: R. Wiggershaus. Frankfurt/M. 1975. S. 301-318.

Stevens, Edward: Sociality and Act in G. H. Mead. Social Research 34 (1967), S. 613-631.

Tenorth, Heinz-Elmar: Berufsethik, Kategorialanalyse, Methodenreflexion. Zeitschrift für Pädagogik 1 (1984), S. 49-68.

Theunissen, Michael: Kritische Theorie der Gesellschaft. Zwei Studien. 2. Aufl. Berlin 1981.

Tillmann, Mary Katherine: Temporality and Role-Taking in G. H. Mead. Social Research 37 (1970), S. 533-546.

Troyer, W. L.: Mead's Social and Functional Theory of Mind. American Sociological Review 11 (1946), S. 198-202.

Tugendhat, Ernst: Selbstbewußtsein und Selbstbestimmung. Frankfurt/M. 1981.

Van de Voort, Werner: Die Bedeutung von Vorformen des kommunikativen Handelns für die Entwicklung der vorsprachlichen Intelligenz beim Kinde. In: Ansätze zur materialistischen Sprachtheorie. Hrsg.: A. Leist. Kronberg 1975. S. 206-233.

Van de Voort, Werner: Interaktion und Kognition. Die Bedeutung der sozialen Interaktion für die Entwicklung der kognitiven Strukturen nach Jean Piaget. Diss., Johann Wolfgang Goethe-Universität Frankfurt/M. 1977.

Victoroff, David: G. H. Mead. Sociologue et Philosophe. Paris 1953.

Wagner, Hans-Josef: Wissenschaft und Lebenspraxis. Das Projekt der objektiven Hermeneutik. Frankfurt/M., New York 1984.

Wagner, Hans-Josef: Strukturen des Subjekts. Eine Studie im Anschluß an George Herbert Mead (im Druck, vorläufiger Titel).

Wagner, Hans-Josef: Der Erfahrungsbegriff des Positivismus, der kritischen Theorie und der objektiven Hermeneutik und seine Implikationen für die empirische Sozialforschung. Diss., Freie Universität Berlin 1981.

Weber, Max: Wissenschaft als Beruf. In: Ders.: Gesammelte Aufsätze zur Wissenschaftslehre. Tübingen 1922. S. 524-555.

Wellenreuther, Martin: Handlungsforschung als naiver Empirismus? Zeitschrift für Pädagogik, 22 (1976), 3, S. 343-356.

Weniger, Erich: Theorie und Praxis in der Erziehung. In: Ders.: Die Eigenständigkeit der Erziehung in Theorie und Praxis. 3. Aufl. Weinheim 1964. S. 7-22.

Wilhelm, Theodor: Pragmatische Pädagogik. In: Erziehungswissenschaftliches Handbuch. Bd. 4. Hrsg.: Th. Ellwein u. a. Berlin 1975. S. 147-204.

Wulf, Christoph; Wagner, Hans-Josef: Lebendige Erfahrung und Nicht-Identität. In: Kritische Theorie und Pädagogik der Gegenwart. Hrsg.: F. H. Paffrath. Weinheim 1977. S. 21-39.

Wundt, Wilhelm: Völkerpsychologie. Leipzig 1911 ff.

Zeitlin, Irving: The Dialectical Philosophy of G. H. Mead In: Ders.: Rethinking Sociology. Englewood Cliffs 1973. S. 219-242.

Zinnecker, Jürgen; Stickelmann, Bernd; Müller, Ernst; Heinze, Thomas: Die Praxis von Handlungsforschung. München 1975.